湖 心 印 記

子　青　著

文　學　叢　刊

文史哲出版社印行

國家圖書館出版品預行編目資料

湖心印記 / 子青著. -- 初版 -- 臺北市：文史
哲，民 106.07
　　頁；　公分. --（文學叢刊；380）
　　ISBN 978-986-314-375-8（平裝）

855　　　　　　　　　　　　　106011833

文　學　叢　刊　380

湖　心　印　記

著　　　者：子　　　　　　　　　　青
出　版　者：文　史　哲　出　版　社
　　　　　　http://www.lapen.com.tw
　　　　　　e-mail：lapen@ms74.hinet.net
登記證字號：行政院新聞局版臺業字五三三七號
發　行　人：彭　　　　正　　　　雄
發　行　所：文　史　哲　出　版　社
印　刷　者：文　史　哲　出　版　社
　　　　　　臺北市羅斯福路一段七十二巷四號
　　　　　　郵政劃撥帳號：一六一八〇一七五
　　　　　　電話886-2-23511028・傳真886-2-23965656

定價新臺幣二〇〇元

二〇一七年（民一〇六）七月初版

ISBN 978-986-314-375-8　　　　09380

自　序

回首夢已覺

　　倏忽之間，歲月遞嬗的軌跡如此鮮明。倘未深覺，轉身發現的驚愕，絕不亞於孺子痛哭失聲的情愫。整理數稔當中的作品，彷彿是同時在爬梳自己的過往一切。雖然，《湖心印記》只是幾十篇的文章而已，卻是這般紮實地將年華的記憶和盤拖出。其中，不免有些辛酸，但更多的是生命中的喜悅。

　　2017 是個充滿希望的年代，固然它只跑了一半不到。年前世界詩人大會授予了文學榮譽博士，過完春節又接獲通知得到文藝獎章；東風再起的季節，新的詩集即將出版，更難得是累積甚久的文集也要面世。對一位作者而言，能出書與同好分享，是一生中最大的幸福；同時也是督促自己邁向新一個里程碑的開始。

　　電影《真愛每一天》裡有句叫人難忘的名言：「我們生活的每一天，都在穿越時空，我們能做的就是盡其所能，珍惜這一趟不凡的人生旅程。」是呀！寫作的人不也是如此嗎？在筆墨揮灑與方城攻略間，撰述生命百態、記錄情意萬種。所為只不過要留下一些堪可典藏的印記，好讓以後讀到這些文章的

人，也能有所感動與共鳴。穿越時空，我們都在文章內傾心相遇。

　　言有盡，而意無窮。這就是文字的媚力，更是文章的精神。文集的收錄起迄是必然，但筆耕的努力不會停歇。它將在每一畝的心田裡，種下生命的希望，就像 2017 在我的人生中鑴刻了美麗的三生石緣。是這樣地美好、又如此地動人。

　　感謝書中所有出現過的人物，因為有了您們的參與，所以故事可以如此精彩；謝謝曾為這一本文集出版而協助過的人，由於您們的努力與付出，才能成就這一本書的誕生。真的，要感恩的對象太多了。因此，有人謝天、也有人謝地。而我，誠懇地謝謝所有關心的人。

　　再溫柔的季節風，也有遠颺的時候；再堅挺的生命，也有結束的當口。唯有文章或能傳之互久，這是前賢擲地有聲的見解。吾人不敢襲以文哲所識，但求以文會友於當世，若能有幸如此，不亦快哉！

子 青　序于府城風軒
2017 年 5 月 12 日

湖 心 印 記

目 次

不讓生命歸零

　　還記得祖母在世的時候，每次回鄉探望她，老人家總是在病榻上帶著微笑迎接我。那時候的祖母，其實雙腳早已不能行動了！開了三次刀，最嚴重的時候是因為骨質疏鬆所造成的骨折，石膏一裹便是上把個月。老人家渾身不舒服，加上胃部問題也嚴重，勤儉成性的她，終於還是被大家說服用了外勞來協助起居。理當心情苦悶的她，卻少見臉上愁容，我想就是難過也只在無人於側的時候吧！

　　祖母見著了晚輩，再痛苦也總是笑臉對人，不曾抱怨。問她痛嗎？她以家鄉話愉快地回答，言語中沒有痛的字眼，也沒有感傷的話，只有滿心的歡喜，以及說了好多遍的往事。怕她累了，請她喝水、吃一點東西，她也覺得不甚重要。彷彿這一個世界，唯一要緊的事情就只有「時間」，除了它，再好的一切都已無所謂了！

　　有一回，我獨自去探望祖母，那是春、夏之交，外頭風光明媚、景色沁心，一群好鳥爭展歌喉，椰樹隨風搖曳，偶有倒影踅檐，鋪陳一片美好的景況。祖母見我回來，臉上的笑意漾得更加盈滿，好像時光倒流，重回三十幾年前的情景，當年祖母照顧我的時候，臉上時時展現的笑容，就像天空中的雲霓，令人有種強烈的幸福感。祖母之所以堅強的活著，不就是因為

可以見到子子孫孫這一大家子的人嗎？那怕只能擁有片刻，也不忘以親切的母語叮嚀家人，興致來時還會與我們細說重頭，那百聽不厭的人生故事。

　　我在床邊與祖母說著世界的變化，也同她說過去的事、想未來的夢，時間一分一秒的過去，祖母聽得津津有味，還與我約定，腳好了以後要到城市找我逛百貨公司。雖然一個月之後她已駕返瑤池，但在心中她那對生命暨勇敢又執著的表情，至今依然深烙在我的腦海。

　　堅強的作家──杏林子，也帶著身上的病痛走過人生的冰河，在生命的大道上她沒有退縮與畏懼，反而把握了自己的價值，在創作及公益事業上創造了莫大的成就。她雖然離開了人間，但其精神不死，永遠活在大家的心中，之所以有如此深長的影響，不就是她那令人敬佩的人生力量所致。

　　這讓我想起富蘭克林曾說過的一句名言：「希望是生命的泉源，失去它生命就會枯萎。」祖母和杏林子做到了，所以他們可以勇敢地活在磨難的世間，那怕生理上是如此地不堪，但他們依然將生命活得精彩又有意義，不被人生的困厄所屈服。他們也讓我相信了莎士比亞所說的：「希望在任何時地都是一種支撐生命的安全力量。」他們可以做到的，我也深信每一個人同樣可以做的到，只要我們堅持不讓生命歸零。

　　任何人都是一個美好的存在，父母給予我們寶貴的生命，在天地之間受到廣大社會的呵護和扶持，才能長而成、美而麗地在世界上創造自我的價值。倘若只為了一時的困頓就失去了人生的鬥志，甚至是活下去的勇氣，那真是太對不起我們的父母及社會了！

　　《孝經》上說：「身體髮膚，受之父母，不敢毀傷，孝之始也。」叫我們要珍惜自己的身體，能珍愛自己就是愛父母最好的表現。《論語》上也曾記載曾子於臨終前叫門弟子啟被視其手足的事情，曾子以身為教無非是實踐了中國人對孝行的重視，也因為他尊重生命，所以其精神令人感動不已。

　　所以，我們真的無權任意地犧牲自己的性命，畢竟天下父母心，不然《詩經》中「父兮生我，母兮鞠我，拊我蓄我，長我育我，顧我復我，出入腹我。」的情景是何等的辛勞！所為又是什麼？無非是孩子一生的平安與幸福。如果我們輕易地讓生命消失，就真的太對不起我們的雙親，以及疼愛我們的人了！

　　近來的社會，自殺率居高不下。年輕的朋友或因課業，或由於個人的感情受挫便輕易地自裁；成人的世界，因為錢關或情關難過，走上絕路的事也頻頻發生。這些讓人看了會心痛的事情，為何不能及早預防而避免悲劇的發生呢？螻蟻尚知求生，為何聰明的人類就不能停止這樣的情事蔓延？

　　歸咎其因，無非是「心」的問題罷了。「人之不如意，十常八九。」碰到逆境的時候，我們的心如果無法定住，其所造成的災難一定是浩大的。話說「山不轉路轉，路不轉人轉，人不轉心轉。」對！就是一心之轉便可以改變命運，命不在外，而是在自己的心中呀！

　　你看蘇東坡處逆境寫那〈赤壁賦〉：「蓋自其變者而觀之，則天地曾不能以一瞬；自其不變者而觀之，則物與我皆無盡也。而又何羨乎？」的豁達；他也貶官的弟弟蘇轍在〈黃州快哉亭記〉一文中不也說「使其中坦然，不以物傷性，將何適而非快？」的人生超越之道。再看看范仲淹的〈岳陽樓記〉那「先天下之

憂而憂，後天下之樂而樂」的襟懷，我們怎捨得將生命無端地浪費呢？

　　世間有情，人間有愛，無處不是美好。只要一念之間就可以改變自己創造人生的作為，我們為何不給自己這一個好的念頭，給自己好的念頭這一個世界就會無限的寬廣，就怕無心，那希望便會離我們遠去，「哀莫大於心死」不就是這般的事了。有心就有希望，有希望就有可能成功，是再好不過的人生定理哩！

　　世界上到處是好山好水，更是處處充滿幸福的情味。我的祖母她用心地看見了，所以她疼愛世間的一切；堅強的杏林子也用心體會到了，因此勇敢地走好人生的每一步，步步精彩又美麗。有心真的可以把握全世界，最怕無心便成了行屍走肉般的人，徒徒浪費大好的時光與生命，若此我們又如何對得起父母，更遑論給我們成長機會的社會了。

　　為了自己，也為了愛我們的人，每一個人必定要好好地把握生命的意義和價值，在有限的歲月中開創自己無窮的成就。

2008.7.7

時空驛站

這一趟是生平首次在夏天的懷裡夜遊赤崁，氣象局正急急如律令地告誡民眾「鳳凰」就要來了，千萬要提高警覺，小心這個颱風的脾性，免得像前次的「卡玫基」弄得大家又氣又恨的狼狽。

此刻，只有微風徐徐地吹、細雨在燈下婀娜，還看不出來未來的模樣。依著秋天的習慣，沿著右環的小徑，先來到九大贔屭的跟前，總覺得牠們好生辛苦，那皇帝老爺們的御碑，一馱起碼就是上百年，又是風雨、日曬的侵襲，外加好戰的人類來來去去地消磨，還真累壞了牠們，歷史的重擔就這般地壓在身上，不能叫苦，更不可以喊痛。在碑前小圳的錦鯉似乎洞悉這一切的因果，游東游西，就是懶得理會不曾存在於過去的我，這樣我只好選擇默默地離開。

聚光燈將斗拱照得醒眼，在無月的天空下顯得氣派，高高的門檻裡有國姓爺威武的肖像端坐，兩眼有神地望著已被高樓大廈擋住的台江內海，在他的眼瞳中我若有似無地聽到了潮聲，以及他一心想要收復的故鄉。

也不知道今天是何方神明的聖誕，燦爛奪目的銀花樹海，讓我一時恍神的心情驚醒。不遠處民族路上超商的霓虹招牌，

大刺刺地朝著將老邁與滄桑雜揉在一起的赤崁笑著,我該為它申辯,還是一任圍牆把過招的力道給吸吮住了?

　　並非真心來此緬懷的情侶,與歷史暫借一隅,享受他們的情愛。當時在此樓駐守的古人,不知是否也有這般的情調,於砲聲隆隆時,兵臨城下的當口,溫柔地守著「普羅民遮城」呀!我又陷入自己的假想。

　　好喜歡那如玉女款擺的水瓶門,這些前輩想必也懂得剛柔並濟的義理,嚴肅的氛圍中,更需要某種的平衡,將日子點綴的特別。我一腳跨過水瓶穿越了時空,眼前出現的是平埔族人的微笑,梅花鹿的調皮,荷蘭人填充火砲的慌張,更叫我緊張的是祖先越過黑水溝時那岌岌可危的木船,在風雨中飄呀搖呀,還有那三十九歲的延平郡王,揮別「臺員」的最後身影。碰!馬路上最後一道的煙火,驚動了天上的烏雲,嘩啦啦的雨飛上了我的臉,今夜的雨是鹹的,我很確信歲月的容顏,也曾和我一樣有著相同的經歷。

　　咖啡庭園前的人潮少了一大半,歌手依然賣力地演唱,猶如今晚的赤崁無視「鳳凰」的過境,心也不動地守著都市留給它的「紫禁城」。也許有那麼一天,它會消失在歷史的數線上,甚至被文明嘲笑它存在的傻勁,無妨!吉他依然彈著——我心中依然有你。

2008.7.26

平凡的幸福

南太平洋的島國萬那杜，被評選為全世界最快樂的國家，英國記者實地走訪這一個人間天堂，詢問當地百姓「快樂」的秘訣是什麼？他所得到的答案竟是現代國家人民很難想像的——不用擔心錢的問題。

其實當地人們的生活以現代的觀點而言，並不如想像中的愜意。吃的食物是島上的椰子、馬鈴薯、木薯，還有大海裡隨手可得的魚鮮。甚至吃膩了海魚，他們偶爾還可以拿島上群居的狐蝠來打打牙祭。有些島嶼沒有電、自來水、收音機或電視機，萬那杜人以茅草屋為家，聯外的交通工具是小船，這樣的環境想要賺錢，可以想見其機會是如何地渺茫。

那萬那杜的人們為何能快樂呢？「樂天知命」就是他們快樂的源頭。雖然物質環境不甚理想，但他們擁有一年當中的多數日子天氣良好，樂園般的優美海岸線，世界獨一無二的雨林，隨便種植便可長出作物的肥沃土地，無論怎樣的貧窮，沒有人會因此而挨餓。除此，國家不徵收所得稅，萬那杜人尊重土地，不破壞環境，更不會炒地皮，找個地方隨意搭個簡陋的房子，再窮也不愁沒地方住，當然就不會像現代國家的百姓需要背負高額的房貸了。

　　歸納起來，第三世界島國的萬那杜，之所以生活「快樂」
的原因主要有二：首先是他們懂得尊重，其次是平凡又簡單的
生活態度。在懂得尊重方面，主要是表現在尊重土地與尊重家
人；平凡又簡單的生活態度，是他們不用學習，天生就懂得「慢
活」和「寡欲」。

　　因為這裡的人不會去破壞自然環境，更不會去炒地皮而影
響生活環境，就算是住得再簡陋，甚至也沒什麼積蓄，然而萬
那杜會餓肚子的人卻很少。這是什麼因素所造成的呢？原因很
簡單，只是他們愛護自己的土地，尊重自己的土地罷了！人在
此地，生命非常的和諧，因為物質生活雖然貧乏，但家人相互
依偎，也相互扶持與尊重。萬那杜人表現在生命與自然、土地，
生命與生命的彼此對待，都是出自於真誠又簡單的生命情調。

　　純真的生命情調，確立了萬那杜那令人嚮往的生活態度。
由於不去鑽營物質生活，所以他們不必像現代化世界的人們，
汲汲營營地謀生，或是匆匆忙忙地工作，「慢活」讓生命自在，
「寡欲」使得萬那杜人樂天知命。對於天命可以如此地樂知且
實踐，不也是一種生命的境界與完成。

　　原來，簡單的事物、簡單的想法，足以令人快樂無比！

　　「簡單」之所以讓人感到快樂，可能「簡單就是一種自在」
的緣故。我的好朋友《南市青年》的主編胡鼎宗先生，在其大
作《簡單就是一種自在》一書中提及：「簡單過活就能降低慾
望、不貪不求，延伸出來的效果，會有知足、滿意、平靜、安
樂的感覺。」萬那杜人的生活態度，讓他們對於自己所處的環
境感到滿足，難怪乎這個國家的人民是這般地平和自在，更是
令人欣羨的「幸福專家」。

在我們物質慾望橫流、人情澆薄冷漠的世界裡，想擁有萬那杜那般的自得境界，當然是像捕捉天邊美麗的雲彩般地縹緲。但也誠如鼎宗兄所言：「心靈清淨，生活自然可以簡單……從生活簡單著手，使得貪慾之心不起，自然能平和自在，了卻不少煩惱。」我想人若能這樣地生活，每一個人都會是快樂幸福的擁有者。

有一回途經醫學院的講堂前，大大的看板上張貼著一張令我好奇的海報。它的上面寫著斗大的標題：「好好呼吸，處處是天堂」，呼吸之於我們是何等自然的一件事，為何只要好好地呼吸到處就變成天堂了呢？看似簡單的字眼，著實令我好奇又困惑。當我思尋解答的同時，眼眸的深處也注意到了下方一小排的說明：好好的呼吸，可以讓人精神佳，治療疾病，活化身體。原來看似簡單不過的動作，內涵裡卻藏有如此絕妙的好處。珍惜這簡單自然的呼吸，也是我們生理與心理幸福快樂的泉源。我在看板前，向生命學習到了重要的一課。

在我所任教的學校裡，有時候會利用早修課安排「靈性時間」。當引導的老師在擴音器裡，以其曼妙的聲音告訴大家如何一呼一吸的安頓心靈時，我會突然想起講堂前的海報，在閉合的眼睛裡、心靈內在的深處，有一股天堂般的微風，讓煩擾的心情變得平和，已經被俗務僵化的身體，也靈活了起來，有一種「飄」的幸福感。當我的心眼再度回到複雜的世界，已不再自怨自艾、哀聲嘆氣了，我知道所謂的「天堂」已經悄悄地打開了它的門扉。

田園作家陳冠學先生，書寫了一系列有關田園秋天情事的好文章。當吾人順著他的筆鋒，去瞭解他心目中的田園世界，

品味他的耕讀生活，還有他對於鄉土深摯的情懷時，發現生活
的美感經驗並不存在於遠處，欲得之卻是唾手可得、俯拾即是，
只要以滿足、感動、平和的心情觀照萬物，又不被外物所羈絆，
陳先生所體會的田園生活中的幸福，我們同樣也可以在現實的
流轉中獲得。

　　有言道「事能知足常自愜，心到無求品自高」，萬那杜人
所實踐的生命情操已經做到了，所以他們樂天知命，擁有絕對
的幸福感。在繁複的世俗裡，我們也可以有相同的體會，只要
大家在呼吸間、俯仰中，能夠把握單純的幸福，快樂就不再遙
遠。也許我們只是平凡的個體，倘若我們可以轉一個心念，往
簡單卻不朽的方向而努力，那人間天堂萬那杜的境界，一定會
在我們的心上綻開。

2008.8.31

原載於《南市青年》第 271 期

憶在春風裡

　　一早起來就在書房裡翻箱倒篋，就為了這張世界上獨一無二的合照。

　　那是某一年的春天，在校園中巧遇韓修女，又手裡正好拿著為教學而用的相機。當山東式的國語邂逅了本土化的國語，雖構不成雞同鴨講的標準，卻也有那幾分的相似。還好，修女那招牌的微笑，化解了我所聽不懂的尷尬。

　　已經忘了是哪一位同仁的好心，幫了修女與我合照了這一張仙子與凡人的相片。韓修女一身白色的袍子，而我則是襯衫加西褲；修女看來是仙風道骨，而我瞧去就是百分百的俗氣淋漓。春天正包圍著聖功的校園，而韓修女的氣質卻讓偌大的校園，充滿了人間讀不到的風骨。

　　有幾回，看見修女從靜園處出現在草坪的走道上，笑容從來就不曾停歇過。常言道：微笑是世界共通的語言；甚至，常微笑可以人生無恙等等。不需高聲的問好，修女的親切早已像春天的花，在每一個人的心裡綻開了最美的詩句。而今想想，享壽九十七歲的她，不就是人生無恙的證明哩！

　　聖功的修女，我的感覺就像自己的媽媽般。每一位修女以自己不同的方式或工作領域，獻身於學校、社會，以及世界上最需要愛的地方。愛，讓人間更美，讓群體和樂，讓自己散發

生命的意義。我是這樣地相信，雖然我並非教徒，在天主教的
學校工作，從修女們的身體力行中，我見識到了生命的真諦。
而韓修女就是以身教讓人景仰的使者之一。

　　終究是找不到這張相片了！但過程中，回憶所得到的卻比
有形的照片獲得的更多。正如您滿心為人的內涵，是我們一輩
子學不完的功課。也許形體就這樣隨風消逝了，但敬佩的心，
卻是如此牢固在我們的心房，永遠典藏！

　　　　修女的笑如春天的風
　　　　輕拂我微微疲憊的臉
　　　　枯萎的心情
　　　　重綻嫣紅的花朵

　　　　因為有您美麗了人間
　　　　所以世界看見了自己
　　　　仙風道骨真善美聖
　　　　博愛永遠

　　　　您隨風而去
　　　　我立在藍天下寄予深深的祝福
　　　　蒙主恩召的路上
　　　　含淚揮別

　　　　　　　　　　　　　　2009.2.12 于聖功女中

細鼠從頭

── 悼小智

今早一直叫不醒你，我的心情就像屋外在春天裡飄落的黃花。

那一天，在安平邂逅了你，其實只是純粹的機緣而已。哥哥一眼愛上了你，幾經的商量，又幾回的思考，終於說服了對你充滿恐懼的媽媽，在主人的割捨下將你迎回了家。

對於你的存在，我並不陌生。當爸爸還是小朋友的時候，也曾經在山裡頭的家鄉，養了和你一個模樣的族類。那是我的童年中，非常美麗而且深刻的記憶，我戲說牠是書包裡的偷渡客，常常因為牠的頑皮，害的我被罰站在教室後面。但我不曾怨懟，因為和先我一步被罰的同學的玩伴相較，牠已經是忍功絕佳了。

來到家裡的第一天，你羞赧地像個自閉的小孩。哥哥逗你玩了好久，似乎情感的距離依然遙遠。

想必是累了吧！從海邊到這裡，對於我們是如此短的距離，依你的認知，很有可能是遙遙無期的未來。算了！我同哥哥建議讓你先休息一下，或許比較適應了以後，再和你交流，互動會更頻繁親近吧！

　　當晚，你的主餐是富士蘋果切盤。不過，睡的房間只能先委屈你窩在小寵物箱裡。夜裡，我依稀聽見你在房裡走動的聲音，窸窸窣窣又喀啦喀啦地在客廳闃靜的四壁裡迴盪。爸爸高興極了，這表示你開始接受了我們的款待，而且正在瞭解新家的環境。那一夜，我睡得好甜！

　　接下來的日子，你逐一地以嗅覺、聽覺，甚至是觸覺來辨識家裡的成員，唯一你無法親近的人，是一直和你保持距離，只允許自己遠觀，卻絕不接觸的媽媽。你的本性顯露，應該是赤子之心的那一種，一旦你發現了人影或跫音，那招牌的叫聲便在客廳裡久久不散，直到有人為你開了門，或者是影消聲杳之後，才會甘心地跑出來與人磨蹭，或是無奈地窩在角落遺憾地睡去。

　　這樣的生活，在都會家庭中似乎是理所當然，有人愛也好，沒人理會也罷，就這般地過著。

　　好不容易，年節到了。回老家祭祖過年是少不了的安排，當然可愛的你，必須和我們長途歸鄉，該為你準備的東西一樣也不少，甚至年夜飯的餐點也想好了。過年出遊，不放心你單獨在家，雖然有些不便，但堅持讓你一起出遊。我們來到了船舶熙攘的旗津，這可能是你一生中第一次，也是最後一次坐船渡海，看得出來你的心情是激動的，碰撞箱子的聲音引起了旁人的注意，甚且有好奇的小孩，拉著大人的手提醒了你的存在。我們一家四口，當下成了路人的焦點，感覺挺怪的，但也有趣的很。

　　歲月在季節遞嬗中更新。春天與黃金風鈴花相和，同璀麗的杜鵑花重逢，也在英雄氣概的木棉樹梢，將快樂的世界喚醒。

　　我發現，那原本與你「保持距離，以策安全」的媽咪，開始有了關愛的眼神。雖然，她還是不敢擁抱你、逗你玩玩，甚至驚懼於你的身形，時露扭曲的表情。這一點點的進步，是可喜的，尤其為你選購大籠子時的用心，令一旁觀察媽咪的我，也有了一絲絲的感動。

　　昨夜，週末的夜晚，回到家已星移有時。開了客廳的主燈，卻反常地聽不見你興奮的跑步聲。心下一沉，仔細地端詳你癱軟的身軀，又發現今天的進食量也比尋常來的少。回眸，拿起剛買回來的腰果子，倒一些在食盤上，想引起你的食慾。果真引發了你的興趣，之前有氣無力的你，頓時以可愛的前手捧花式，將果子咀嚼了一番。看你有了食慾，大家的心情也放鬆了不少。時間已近子時，夜色漫漫。

　　不知怎地，你一直不肯回籠。又異常的安靜，粘膩在我的手掌上。心想，是不是最近甚為忙碌的我，太忽略了你，所以讓你這樣的依戀。從前大而有神的眸子，變成了默默低語的窗櫺。叫牠，回應是如此地微弱，擔心正在腦海裡湧起。夜，無語地睡去！

　　街道上的黃花飄零，暫時告別了世界；你也在夜色逐漸的消失中，隨風離去。為你寫下悼念的文字，上頭有著你的籍貫、姓名和事蹟：臺灣本土松鼠，張小智，最大的貢獻是給了這一家子的人，滿滿的愛和記憶。

　　明年春天來時，將是我們深深懷念的開始……

2009.2.22

原載於《南市青年》275 期

讀陳芳明〈美濃是我的心情〉有感

又是一年的開始，筆直的柏油路旁，盡是波斯菊迎風搖曳，不遠處月光山頷首微笑，此景令人神往。這是陳芳明先生和我共同的記憶──美濃。

小時候因為父親工作的關係，曾經幾度離開這裡，住在一個個讓我不敢啟齒的陌生地方，只要開口同學就會知道我是「客家人」，彆扭的國語常惹來大家的譏笑。我曾經憎恨自己的語言和種族，我甚至懷疑六堆人到底有什麼特出之處，有什麼值得驕傲的呢？

孩子被歲月催促著長大，學會了欣賞世界的角度，也開始對周遭的人事敏感了起來。當高中老師談及了鍾理和的事蹟，我年少的文學記憶就在瞬間被撬了開來，也在這頃刻之間樹立了生命中的驕傲。

在鍾理和淒美的故事中，我看到了客家人執著的可愛；在他的小說中，體會到了人性尊嚴與生命卑微的矛盾；在他的思想裡，我見識到了文學力量的巨大。陳芳明先生曾經在傷痛中，深刻體認時代遞嬗中文學家的心情；而我卻在迷戀六堆人的作品裡找到了自己。

　　每一次到鍾理和紀念館，我會輕輕地在這文學步道上走著，甚怕驚醒了初春的黃蝶，會將美麗的文學記憶帶走。細細品味文學館的情思，正如我悠悠地從美濃走過。

　　美濃是個好地方，這一點現在眾人皆知。充滿情韻的油紙傘、入口難忘的粄條和那令人懷念的敬字亭，與幽幽的黃蝶翠谷、波光粼粼的中正湖、典藏祖先記憶的客家文物館、東門城和滿眼的好山好水相映，令人愉悅也讓人呼吸到故鄉特有的香郁。

　　如果陳芳明先生認為美濃是他的心情，那美濃應該是我永遠的原鄉。無論天涯海角，就像現在因工作身處他鄉，但心裡總有一股來自原鄉聲音的呼喚，呼喚當年的小孩，不再自卑、不再逃避，更不要對著自己的身世而生氣。

　　文學是可以治療心情的，這一點我深深地相信。就如同讀鍾理和的作品，無論是時代的悲苦、生活的歷練，還是生命的一種堅持，在在令人感動、讓人深思，對我而言，還有一層深遠的感懷。也難怪陳芳明先生在〈美濃是我的心情〉一文中，看似有些文學論述的文章裡，處處充滿著對於故鄉的想念，甚至是一種文學式的依戀。

　　今天的天空特別的藍，這不是憂鬱的顏色，而是我在花海中、山腳下輕快的心情，也是我所敬愛的鍾理和、陳芳明的心情。

　　美濃，它是我們共同的心情。

2009.3.13

湖心印記

「觀澄湖月色已覺身外身，聽曉寺鐘聲驚醒夢中夢」

漫步於被春天擁抱的中正湖，頓時，彷彿自己已經讓美麗愛上了千萬年一般。瞬間，道不盡的幸福湧進心崁，看不膩的山姿佳景色色映入眼簾，痛快存在於天地之間的我，甚至貪心地好想留住這一刻的世界，只為邂逅了此生難於再遇的心情。

一路上被春風催促，波斯菊在休耕的田間招喚，暫時放下了繁華，遠離了都市的現實，以自己的心當做導航衛星，來到了充滿書卷氣息，恬靜溫文的美濃小鎮。今年才翻開了首頁，沒有想到，我的心情日記就已滿載，撲克的老臉大幅調修為天上的望月了。

愛上這裡的人們，他們講的是我曾經熟悉的語言，因為我們有著共同的先祖；喜歡此地的食物，它飄香的是我往昔再認識不過的記憶，因為有著母親廚中手藝的味道；難忘月光山的身影，當蝴蝶翩翩飛起，我知道那是年少的歲月再次呼喚我的名字，因為我屬於這裡。

巧遇佇立路口的敬字亭，微笑引我稍歇於他滄桑的身旁，以眼神告訴我那一塊洋洋灑灑的身份註記，他的無奈只剩下旅

客微弱的嘆息聲，還有熙來攘往車流呼嘯而過的輕蔑。告別了
這位老書生，轉身時，頓覺歲月無情，不捨，情又何以堪呢？

　　水田漠漠，一派悠閒在東風中享受它的自在。偶有幾架的
鷺鷥不經意在田心裡烙下身影，水田沒收了這短暫的美麗，卻
在我的眼眸中滯留永恆的印記。就像此刻中正湖心倒映著我的
心情，心情悠悠蕩蕩地划過那曉風殘月，也漣漪了一生的夢想，
寧願被湖中的山色包圍，永遠不想突圍，因為耽溺在難得的幸
福。

　　國民學校畢業，我無憂無慮的童年生活也跟著結束。父親
擔心野慣了的孩子在鄉居日子中迷失，執意切斷我與我自由自
在沉浸於山環水抱的孩提歲月。於是，憤憤地離開了家鄉，開
始了人生流浪的濫觴。

　　在都市的現實與競爭中，我的童心逐漸被雕塑成老成，外
貌看似青春洋溢，但內裡卻是市儈氣息盈盈，凡是計較也凡是
比較，鬥爭是生命的價值，從此，步步溺斃於世界的競逐遊戲，
忘卻了原初的自己。

　　四十幾年過去，在別人欣羨的眼神中找到屬於現實生活的
滿足，夜裡常常自艾城市生存的人性卑微，卻也陶醉在這錯置
的人格上，自我欺瞞也自我茫然。分分秒秒在手中離去，自己
已被道德唾棄，被理想忘記，卻依然故我，瘈於星月無光的時
空裡。

　　街上的風吹來，耳語著它的想法，才不到一刻間的光陰，
我的心情突然痛徹了起來。立在微暈的燈下，思想是清明的豹
眼，不確定是在尋在獵物，抑或已經打開了心途，找到了回家
的方向。

　　路上料峭的春寒讓我精神抖擻，夜色迷離更帶有幾分的窈窕，高速公路上的顯距牌每隔半里引我回歸桃源，車速越快不知怎的，反而將心事駛得越沉，腦海裡的波浪逐漸地激湧，彷彿夢魘纏繞，一時陷溺從前。

　　穿過月光山隧道，傍著溪流，再沿著火焰木的身影向前而行，筆直的路上迎接你的，是輕盈無比的東風，還有溫柔的鄉情，它們在不遠處招手，也熱情地將返家的遊子擁入懷裡。

　　在山林圍繞的盆地，先祖何時來到此地墾荒，又何時將此地開闢成了一片的桃源世界，模糊的答案總在長輩的口耳中流連。對於少小便離家，而老大常不回的我來說，潺潺溪水盈耳、蒼蒼杉竹款擺之時，心裡深深知道，山上那莊嚴的家祠，一直是我永遠的依戀。

　　爺爺和奶奶在世時，這一個大家族的人，一年四季總會心繫著他們倆老，或遠或近地牽繫著彼此的感情。不常見的親人，逢年過節總會聚攏寒暄敘舊。小孩子的快樂就更簡單了，一見到鄰庄或是遠地回鄉的親戚小孩，玩起來就把這兒當成了天堂，除此以外的地方，在他們的心中是不存在的。

　　當這些孩子日漸長大，歲月終於教會了他們堅強。最早離開人間的，是說著常常讓人似懂非懂的國語，卻非常親切的大姑丈。他是同政府一起撤退來台的外省軍人，我們好喜歡他的人，尤其在他發脾氣的時候，咕噥咕噥不知道說些什麼，卻讓一群小朋友意外地得到天籟般的喜悅。

　　最讓人驚愕的，是前幾天還樓上樓下、忙裡忙外的祖父。一通傳達噩耗的電話，將各地被嚇壞的子孫，霎時回鄉集合，大家彷彿被老天爺開了一個玩笑。躺在床榻上的老奶奶，一直

以來，若非祖父細心地照料，大夥兒真的會忙成一團，尤其父執輩的這一群大人們。

意外總是令人錯愕，更讓人對於這一個世界產生懷疑。祖父出殯的那一刻，老奶奶撫棺無淚的神情，叫身旁的子孫們哭斷了腸。二姑姑哭倒在我的懷裡，當奮力抱起她時，我猛然醒覺，這是孺慕的天性，無論她的年紀如何，這一刻，都回到了孩時，那天真純粹的記憶，姑姑歇斯底里地嚎啕大哭，彷彿又回到她兒時對父親的眷戀。

幾年的時光在溪水的潺湲中過去，大家可以再見面的場合，若不是清明祭祖，便是過節拜年。除此，就是親戚娶媳嫁女的宴會上，那短短的相聚，韶光易逝，總是讓人特別珍惜。

但是，每一次的聚合，又是令人感傷的開始。當大伯以顫抖的眼神回答我的問候，我知道，曾經聲如洪鐘，豪爽使氣的他，終究還是臣服於歲月的鞭策。環顧四周，曾經是那麼年輕的長輩們，個個臉上都被無情的歲月鑿上了印記，我一時語塞，差一點就忘了回應他們的招呼。

很驚訝地在叔叔家看見了二姑姑，這是我難得回鄉的一次驚喜。不過，我的直覺提醒了我，這非平常的見面，應該意味著什麼事情即將發生，只是在姑姑的笑臉上，我一時找不到答案。

好奇地問了母親，母親那帶著沈痛的嗓音，告訴了我，姑姑意外出現的真正原因是肺癌末期。前些年，奶奶還在世的時候，兩個姑姑都會輪流回鄉照顧她。所以，可以見到姑姑是那麼理所當然的事情，嫁出去的女兒貼心，我在姑姑們的身上感受到了。自從祖母鶴歸，他們回娘家的機會也變少了。萬萬沒

想到，好不容易見面，竟是她與死亡拔河的關鍵時刻，四叔要姑姑在老家靜養的日子。

離家不到百公尺，那大宅院裡曾經住著我相當熟悉的一群人。孩提時，它就像皇宮深院的氣派詭異，讓我保持對它的距離。在這裡，住著令人敬畏的外公、外婆，還有讓我叫不完的姨舅。其實，我很清楚我有兩位外婆，在裡頭的是母親的後娘，而住在外頭的，才是我真正的外婆。

小時候家裡甚窮。老爸還是一名高中生就把母親娶了回家，被爺爺趕出家門自立門戶，勉強蓋了一間真的是家徒四壁的房子，那模樣至今還鮮明地在我的腦中存放著。一貧如洗，便成了大宅院的眼中刺，我稱它是裸露的悲哀，這樣的心情，在它人去宅空的時候，回眸時都還有幾分的傷痛。

最怕新外婆那銳利的眼神，稍微頑皮一下，被她瞄到總少不了幾句的叱責。雖然，漸漸也習慣了這樣的聲勢，心裡總還有幾分的不平，那年齡與我相仿的小舅再大聲嚷嚷也安然無事，好吃的總在他的手裡攢聚，而我，只有乾瞪眼的份。

兩個新舅舅在學校就不同於別人，這個鄉下像我一樣的窮人多，連雙鞋子都沒得穿是正常不過的事。他們不僅有鞋還有錶，連制服都新的不像話，當同學問起和他們的關係，我真想把他們當成一對陌生人，這樣我反而比較自在。

又是頒獎典禮，我赤腳上臺領獎，站在旁邊的不是別人，還是我那揮之不去的新舅舅，他總是亮得逼人眼目，而我黑黝黝的膚色加上一付營養不良的樣子，說有多不搭就有多麼地不搭。

　　母親心地好，總叫我別生氣。有氣就氣在骨子裡，千萬不要氣在表情上。那時候，我真的聽不懂媽媽的話意，我只是覺得那生活不如人的氣而已。現今回想，唉！真是天定的命運。

　　後來的故事，就像連續劇一樣的情節。大宅院的主人往生，二姨太一夕白髮滿盈，被送進了療養院，已癡呆無法言語。兩個舅舅，一個被地下錢莊追緝，一個是吸毒被關了起來。還好一群阿姨各有所歸，這是大宅院掩門之後，最後的幸事。

　　火燄花燃燒了春天，春天卻無法將我的記憶燦爛。河西與清河兩堂的故事，永無止境地在我的童年、少年、青年，還有我正經驗的壯年裡反覆地上演。這山中的傳奇，不會失傳，每當雙腳再踏上家鄉的泥土時，我鮮明地感受到曾經生於斯、長於斯，最後也葬於斯的靈魂，還在欖仁樹下，絲瓜棚裡，甚至是稻花香中，牽引著長長的思念。

　　風依然輕柔地揚起，激醒了心情深藏的記憶。那悠悠的雲、蕩蕩的水，漸漸帶走了人生的悲歡離合。轉身，已是月圓當空。

　　不知何時調頻電臺突然報曉了起來，回憶頓時清醒，風已不似之前的寒冷，倒是像記憶中的溫柔了。朝暾含笑迎接我的到來，兒時的幸福、成年以後的踽踽，如今，都已化成了如詩的美麗與哀愁。

　　幾多歲月之後，重新踏上斯土，湖邊醒人的碑語，與醉心的湖光山色，讓生命真實地沉潛在「身外身」和「夢中夢」了。

2009.4.27
原載於《新文壇季刊》第 18 期

失敗也要快樂

親愛的 S 們：

　　當成績揭曉，辛苦了好些日子的啦啦隊比賽，就在這一瞬間，喜悅都化成了烏有。妳們的失望與難過全寫在臉上，眼眸中的淚水，明顯地帶著些許的不平和憤懣，這樣的心情，班導完全了解。其實，當下我的感受和妳們並沒有太大的差別，所不同的，只在於我是各位的導師，而年齡與經驗也多於妳們些許。所以，老師將自己的情緒控制在適當的範圍。表面上，我必須強顏歡笑，好讓大家可以順利地退場和放學；而骨子裡，對於妳們的痛苦卻是百般地不捨。

　　從上學期開始，好多位同學就已經犧牲自己的時間，在班上、在宿舍，還有更多我們所不知道的地方，用心地設計、擘畫和演練，再回到教室、體育館，以及任何可以使用的地方，來教導各位，那看似簡單卻又不輕鬆的動作。這些事情，今天早上比賽前的最後一次練習結束，大家席地而談，回顧往事的時候，小黑已經跟大家分享過了。但班導還是想以文字，讓我們再次地回想她們的好。

　　當晨雲披上旭光，妳們尚未澈醒的精神還在夏夢中蕩漾，且香郁的早餐正要入唇，就必須離開教室集合練舞，數一數這樣的日子也不在少數；其他的，借課、調課，利用自習課，反

覆地操練，無非是為了今天這短短的幾分鐘。這一些的努力，老師都看到了，也盡可能地守在各位的身邊，以無聲的陪伴，為大家鼓勵和加油。

　　西天的彩霞好美，該放學的妳們都留了下來，一起將所教的新舊動作練習再練習，汗水淌滿了妳們美麗可愛的臉龐，和動感十足的身軀。班導不曾聽過有任何的怨言和不滿，有的是，看見已經在課業與活動之中，妳們體力不斷消耗的情形，而妳們硬是挺著，挺到不能再練的最後一刻。這是多麼美好的黃昏呀！親愛的 S 們，老師好想告訴大家：勤班有妳們，真好！

　　還記得上課的第一天，班導曾提供一句名言送給妳們，要大家將它放在心上或是當做人生的座右銘。那一句話是這麼說的：「要為成功找方法，不要替失敗找理由。」過去的日子，妳們非常努力也小心翼翼地，為這一場的比賽尋找最棒的表現方式，而且真的已經詮釋在今天的比賽裡。單就「為成功找方法」這一點的用心上，妳們是成功的。當然，任何事情沒有成功，必然是存在著若干失敗的因素，我們可以放在心裡思考，但不宜妨害了我們的心情太久。今天以後，明天開始，勤班應該依然是那開朗用功的勤班。

　　老師現在坐在書桌前這麼想著，練習啦啦隊的過程中，我們要心存感激的對象甚眾。如領導大家學習動作的同學，小黑、詠緣、翔雯、寶玲、雲雅、阿美等人；時時給我們關心的爸媽、師長和友朋們；當然囉，妳們是不是更應該要感謝自己呢？這一段的日子，自己是如此地付出和勤奮地練習。

　　今天表面上的確是輸了一場比賽，但是，班導要妳們永遠記得，我們是如何地將勤班放在心上，因為妳們將班上放在心

裡，所以妳們才會落淚、才會氣憤，才會難過地不知怎麼欣賞今天黃昏的美麗。

　　夜已深了，老師知道，妳們可能還為著今天的結果輾轉難眠。親愛的寶貝們，明天的陽光依舊燦爛，就讓希望帶領著妳們進入夢鄉。畢竟，失敗一時的，而我們所獲得的豈是那簡簡單單的名次所能比擬的呢？因此，我們明天以後要依然快樂。

　　相信已經好久無夢的班導，今夜的夢境中會是各位「勤嗆、勤嗆」吶喊的快樂身影。晚安！姑娘們。

愛妳們的 C 導上

2009.8.5 午夜

原載於《南市青年》277 期

快樂的意象

在這裡行走了將近二十個年頭，春夏秋冬也不知道輪迴了幾番，景誠樓畔的這株緬梔樹，怎麼看都是如此地迷人，一直是每天最吸引我的美麗。

今天早晨，當雲層染上了金黃色的旭光，我如同過去的歲月，拎著公事包想著學生的事情，夾雜於熙攘的學生隊伍裡向辦公室前進。本來是俯視著地上的眼睛，突然被枝頭上的鳥叫聲驚起，哇！「雞蛋花」開了。

學生都是這麼稱呼它的，有時候還真的會忘了它的本名，畢竟白中帶黃的笑臉，是這般的可愛哩！就是花殞了將它捧在手心，仍然令人陶醉。

當花與葉都消失了，還挺立於天地的枝梗，側看猶如鬼魅，而正瞧呢，它不就是孟克的吶喊嗎？

從它身邊走過的莘莘學子，也不知道更替了多少代，而它依舊娉婷於我的眼眸。就像多年的好友，不離不棄地守護著過往的人群。四時不同，而它愛護我們的心卻亙久不渝。無論日出還是雨襲，它的好它的美都有一番的滋味，從這裡行走的人都曉得。

明天，也許它已花落遍地，而我們會小心翼翼地從它的身旁走過，只因為它是我們最忠實的朋友，永遠的喜悅。

2009.8.22

深耕入夢土，《秋水》正酣酊

　　以我們的文化而言，逢三六九即表多數之意。144 期的《秋水》就要過 36 歲的生日了！36 個年頭，說長不長，道短也不算短。比照人的成長來看，36 歲正是好壯年哩！

　　但看著手邊 143 期的它，靜怡大姊說：「剩下的十七期，我會努力，會以感恩的心來為詩友們服務」，這一連串的文字，真夠震撼天地和喜歡《秋水》的人了。當然，筆者心情的難過不在言下，且看手寫的廢稿堆滿大半個字紙簍便見一斑。改在電腦之前鍵稿，想著之前秦嶽前輩來電告知《海鷗》停刊，又憶起了好多這些年相繼辭世寫詩的前輩們，加上這一份的預告，還真是令人感覺百般地複雜。

　　民國 92 年，我從靜怡大姊的手中拿到了當年的優秀詩人獎，也從這一年開始，我的生命正式走進了《秋水》，和《秋水》的詩友們結緣，心中充滿了感激與歡喜。所以感激，因為它給了我成長的空間，大姊以最大的包容接納我那些不甚美麗的作品；所以歡喜，是因為在《秋水》中能見識到各地的詩人、佳作，以及有機會接觸到《秋水》同仁的內涵與丰采。

　　雖然認識《秋水》的年資尚淺，然而，與它的感情卻是深厚於心。回眸過往，「用心靈的筆/在生命的詩冊上/細細描繪人間山水」《秋水》做到了，我們也看到了。我深深相信，每一

位曾經參與過《秋水》的人，其內心深處必然時時有著濃濃的呼喚，與它同行遨遊於天地之間，和天光雲影共徘徊於深耕的詩夢裡，直到永遠！

　　好懷念大姊貼心的「小箋」，那是打開《秋水》時令人感覺幸福的青鳥。疼惜大姊的眼睛，固然有形的青鳥不再飛翔，但是，那永不磨滅的幸福卻是長在我心。

　　《秋水》，生日快樂！向靜怡大姊和《秋水》的同仁們致敬，也向全天下愛護《秋水》的詩友們表達我的尊崇。

2009.11.29 凌晨於台南
原載於《秋水詩刊》144 期

下半場

親愛的 S 們：

　　昨天那相當於四顆原子彈威力的地震，不知是否嚇著你們了嗎？唉！人生無常，或者該說這個世界難有定態，是自然且必然的事情。話雖如此，你們的老師，還是希望每一位同學都能夠保持敏銳的知覺，一如昨日你們迅速地應變，大夥順利地在綠油油的空地上重逢，那一種在瞬間生命又有了一番蛻變與體會的喜悅。

　　地震過去了，造成的災害與影響需要去復原，受到驚嚇的心靈也有待撫平。親愛的，當再回到熟悉的教室，你們可有幾多的心情想著接下來的學習路呢？

　　越過二〇〇九年的山頭，新年的晴光早已看顧著每個人的前程。親愛的，你們是否也意會了自己已扎實地站在高二下學期的胸膛上，聽見噗咚噗咚的心跳聲，還有那猶如江河激湧的血液澎湃。也許你們會一時不知所措，更有可能已驚悸恍然，歲月的戰書確是這般地擲地有聲，而過去你們卻無所察覺。

　　升學考試不是你們唯一的選擇。但是，它必然是大家現階段人生所要面對的挑戰，更有可能是你們未來的書寫中被典藏的記憶之一。倘若無法就此與它離線，那和將來的連繫上，老師希望親愛的你們，一定要在屬於自己的螢幕上展現最亮麗的

神采，記錄下這一個過程，為你們的生命留下如曉曦似霞雲的絕美。

為此，身為一位傳道者的我，希望你們可以記住以下的想法，在人生的道路上，尤其現在正面對挑戰的你們，可以當它是錦囊中的妙計，必要時把它回憶起來，當做先鋒劍也好、是開山刀也罷，最好是隊伍前的將旗，讓它引領著你們邁向成功的未來。

首先你們要知道，一個人的視野足以決定成果的廣度。凡是世上立大功、成巨業的人，其共同的特點，就是將自己的視野角度調得夠高、夠遠，也夠寬廣。他們深知，只會擁抱短視近利的人，他將來的收穫非常有限；而狹隘的人生，只會妨害進步而已。成功者的啟示，您們務必放在心裡。

其次你們一定要了解，一個人的智能可以決定將來成功的深度。已經在學習路上行走了十年以上，許多人愈往後學習，心裡的疑惑卻越來越多，不曉得學習的目的為何？更遑論能夠明白它的真諦。其實，學習是為了讓生活更加方便，這是基本的目的；真正要緊的是，現在的學習是為了將來追求更高學問的準備，智識能力愈強，它的成功刻度就會愈深雋。

最後你們必須清楚，一個人的態度將會決定他所能成就的高度。讀書散漫，不僅考卷上的分數漂亮不起來，更嚴重的是這樣的人所能成就的事業高度也非常有限。一個不滿足於些許成功的人，他一定會再設定自己更高的目標，態度是那麼地積極，又是多麼地誠懇謙虛，以努力的姿態翱翔於成就的天空。

任何球賽終須面對下半場的考驗，以決定最後的勝負；而我們的人生不也是這樣嗎？無論我們各自走了多長的生命旅

程，總要面對著自己的下半場，尋求最好的方向繼續實踐人生的意義。

　　此刻，你們就是走在高中下半場的路上，縱有數不清的數字和文字的壓迫，也毋須驚慌憤懣，這就是現實人生。雖然現實不及理想的美麗，但是它的存在也有好處，至少讓我們真正地體會活著的感覺，而我們只需讓它提升那麼一點點，便賦予生活無價的意義了。

　　人的命運好比草間的蜘蛛網；各有各的方向，到頭來，終點卻是那麼地相同。學習路也好，人生旅途也罷，雖然大家各自走著自己的道路，也各自面對著自己的下半場，奮鬥的終極卻是大同小異。你們要相互扶持、彼此疼惜，當走過千山萬水驀然回首，我想，親愛的你們，必定已成枝上鳳、原中虎般地雄視世界。

　　下半場，來得正是時候，這是你們鏤刻成功之契機！

愛你們的 C 導上

2010.3.5

原載於《南市青年》283 期

幸福的印記

親愛的 S 們：

正當我們畢旅來到花東縱谷的時候，我國網球高手盧彥勳也在英國倫敦打了一場好球，進入世界級的溫布敦網球賽前八強。這是開創歷史的一刻，真教人興奮不已。

電視機裡的英雄形象深烙於國人的腦海。當下的我們和他是同等的歡欣，以做為英雄的同胞為傲，一種強烈的幸福感在每個人的心懷裡綻開。

之所以幸福，是因為我們感同身受，是由於我們真的用心體會。盧彥勳的成功，為自己也為我們帶來了莫大的成就感與幸福感。但是，親愛的你們可知道這一次成功的背後，它含藏著多少的挫折與辛酸呢？就好像每當看完偉人傳記掩卷沉思的時候，我們是否該想想這些生命史上的勝利者在成功出現之前，他們是如何地面對現實的挑戰，或者是生活中的種種困頓，才能造就今天光鮮亮麗的成果。

「一口飯的刺激」是這幾天新聞媒體競相報導的內容。重點是要告訴國人，盧彥勳除了為求佳績而努力鍛鍊，且必須為比賽經費而四處籌募之外；他之所以能在國際媒體的訪談上侃侃而談，英語暢口無礙、大方自在，其背後的原因竟是因為吃不到飯而改變自己的故事。

　　一個不懂英語的少年隻身於歐洲的訓練營，看不懂菜單連飯都沒得吃的窘境，卻成了他把握機會改變自己的故事背景。幾多年之後，在電視中我們看到的是對答如流的盧彥勳，不僅是網球的勝利者而已，還有藉著挫折而成功改變自己的勇者。

　　老師想對你們說：挫折可以讓人獲得重生，以感謝的心來接受挫折，那麼你們的世界將會無限的寬廣。因為重視和運用不幸，可以帶給每一個人改變自己的機會。能在失敗挫折、沮喪難堪中找到機會與希望，那不幸就不再是不幸了，不幸之後的成功，其意義、價值是加倍的。唯有下定決心在逆境中轉變自己的人，才真正懂得生命的契機。

　　「一口飯」不是什麼了不起的大事。但是，盧彥勳卻因它而提升了自己，那這一口飯的意義和價值就不同凡響了！因此，我們沒有理由小覷生活中任何的挫敗。畢竟，要成其大，必由小事把握起；想累其高，也得從平地建構來。把危機當成是成功的轉機，盧彥勳做到了，親愛的你們是否也深刻地體會到了呢？

　　如果「一口飯」看來是這麼毫無價值，甚至是無用的小事，那老師想鄭重地告訴你們：「無用之用，是為大用」，莊子先生的哲理以盧彥勳的這一口飯為例，是最切合不過的了。

　　天無絕人之路的意圖，除非人自取滅亡。但生活中不能如意在所難免，卻有人因堅持改變和面對問題而成就了自己。老師希望你們是那擁有智慧的後者，在未來的人生道路上披荊斬棘、勇往直前，如同盧彥勳一樣，開創自己不朽的歷史。

　　常言道：凡走過的必留下痕跡。這說得非常有道理，只有肯重視自己生命的過程，用心鋪陳也用心深化的人，才會在時

間的洪流裡，或是空間的圍城中，不被沖失、不被困惑，努力地做好自己，甚至還有機會留名於青史。

猶記畢旅晚會中，你們也侃侃而談對於自己的期許。在燭光婆娑裡，我們一起感受到了台灣東部的熱情，還有我們同在一起的幸福。世界上有沒有永遠，老師真的不知道。但是，我深刻地了解，我們曾經努力過的一定會被記憶下來。或許每一個人的腦海裡的印記深淺不同，可是箇中的幸福絕對是存在的。

學程是有階段的不同，有開始必然會有結束；但是，學習是一貫的，精神不因學齡、形貌改變而有所變異。親愛的同學們，你們在學習的數線走著，每一個段落其風景各自不同，要你們體認的內涵也有層次上的差異。然而，需要用心盡心的態度卻是一致的。唯有你們自己走好線上的每一步，到了階段的終點再回首時，老師深深地相信，成功帶來的幸福必然深烙於你們的生命裡。

今晚，安平小鎮的夜色極美，原住民會館的歌聲如此動人，超商的落地窗裡還有你們可愛的身影忽現。花東的故事已經寫在我們的心扉，盧彥勳的傳奇也已然不朽。今宵又是月圓時候，我心園裡的百花們，是否也在這樣的良辰美景之中，綻放著屬於你們自己的成功之夢呢？

愛你們的 C 導上

2010.7.16

原載於《南市青年》285 期

在苦難中看見美麗

親愛的 S 們：

此刻是星期天的早晨。老師正坐在咖啡館的圓桌旁，很努力地將各位的作文批閱完畢。不經意地抬頭向牆上的一幅油畫望去，是一位戴帽閉眼兩手托腮沉思中的少女。少女前面的咖啡香氣正飄逸，氛圍寧靜的有一股沉重的情緒難解。這樣的畫面，不禁讓我想起尼采所說：「人生就是一場苦難。」的那句名言。

也許吧！苦難的確可能佔去我們大半的人生。但是，不同程度的苦難，每一個人對於所謂苦難定義的差別，在在影響著我們的心情和作為。猶記同學在稿紙上寫著絕望的滋味，他說：「我即將遭遇目前人生中最大的挑戰——學測，心情就如同等待秋決的死囚一般絕望，束手無策，只能默默等待死亡一天天靠近，無奈，又何如？」唉！看完這一篇文章，再瞧瞧牆上的那位少女，兩者的神情還真有幾分相似，叫為師的那杯拿堤再也品嘗不下，一度束手罷改，學著少女托腮，也閉起眼眸，想像著人生的苦難。

才那麼一想，偏偏想起了你們的週記。約莫三分之一的寶貝在紙上寫下那個「煩」字，你們說：「考試煩，成績煩，高三煩，被人碎碎唸煩，沒自信煩，補習煩，隔壁的考那麼好還

說他沒什麼讀──真煩！」煩不知何時悄悄地成了各位的口頭禪、心頭刃了。想著想著連我也煩了起來，為師的煩與你們不同，我的煩惱是：如何讓親愛的你們，在高三的階段裡可以不必為這些必然的過程而煩。

我想以同學的文章〈努力的滋味〉中的話語，給我深愛的你們鼓勵。他寫道：「果然皇天不負苦心人，我們獲得第一名的佳績並代表參加全國音樂比賽，辛苦終於有了代價，大家都流下喜悅的淚水。正所謂『不經一番寒徹骨，焉得梅花撲鼻香。』努力後的滋味，嚐到甜美的果實，使我永生難忘。」類似這樣的故事，或許你們時有所聞。親愛的，以上同學經驗的體會，以及之後的甜美感受，不就是你們正在經驗的類似過程，是否連結果都和夢裡所想的一樣呢？

辛苦才能顯現成功的不凡，努力方可嶄露勝利的難得。老師一轉念，懸覷到了各位理想實現的歡呼模樣，那個個美麗的身影，是我這一生所見最最快樂的花朵，綻放在民國一百年的春天。

老師的煩心突然不見了！睜開眼睛看那牆上少女的臉頰，不知何時增添了幾許的笑暈。我一口飲盡超大杯咖啡裡的幸福，再一次擁抱起你們的作文回到了生命的現實，依稀還聽到館裡那一首輕快的藍調，悠悠唱著屬於你們的歡愉。

愛你們的 C 導上

2010.9.26

俱懷逸興壯思飛

── 再見！高三勤

> 「夢想從此起飛，幸福與妳相隨。感謝有妳，
> 　讓我的記憶永恆美麗！」

親愛的 S 們：

當妳們看見這一封信的時候，應該是畢業在即，指考逼近的時刻了。

好快，高中的歲月就要畫上休止符，中學生的生涯也即將寫下故事的句號。無論老師心中有多麼地不捨，還是必須在向妳們說再見的時候，讓淚水暗藏，將心情放下。我知道這樣做真的很難，不是一轉身便可輕易地釋懷解脫，因為我們的故事就像此刻列車外的風景，一幕又是一幕在窗前重演，是如此漫長地記錄著它的美麗，卻也短暫的讓人更想將它留住，可惜已經措手不及。

高一下學期，新的文組實驗班正式成立。雖然這是一定會發生的事情，但對於這一個班級的期待早已存在於老師的腦海約有半年之久。在這段虛擬的時空中，常常想著自己的經營方式，在過去的經驗中尋求方法，也在未來的想像裡添加新的帶

班元素。但是，無論是過去抑或未來，皆不及真正面對妳們的時候的那種緊張刺激。

　　已經是高中生的妳們，其實大可不必如國中學生事事的叮嚀與看顧，因為妳們亟欲獨立也有能力自我完成。可是，老師還是放不下心盡可能地陪在妳們的身邊，要求自己與妳們一起中午用餐；掃地的時候只要沒有他務也要到教室或公區東看西瞧的；比賽訓練、班級活動的過程中很容易瞥見我的身影，哪怕只是和妳們簡短地說說話。也許會有同學覺得老師太黏著妳們了，但對我而言，卻是一整天裡莫大的快樂，從妳們的身上與互動中，老師要感謝妳們讓我重溫青春的力量和喜悅。

　　各項比賽雖是例行的事情，在妳們而言，總是嚴謹又認真地看待。正因如此，班上無論是在靜態或動態的活動上都有傑出的表現，很為妳們高興，所以，非常喜歡為妳們影印獎狀讓妳們收藏努力的成果，這些都是絕版的記憶了，卻是我們共同的美麗。當然，妳們永遠也忘不了那一場痛徹心扉的挫敗──啦啦舞，比賽會過去，但是過程必將留下。當時老師寫給大家的鼓勵信不知妳還留在身邊嗎？也許它已經杳然，無妨，重要的是它應該深藏於妳的心中了吧！

　　或許妳們會覺得奇怪，班導為何喜歡東拍西照的？教文學的人心裡都明白，與時間賽跑我們永遠無法超越，倘若想佔有一點痕跡，有人利用藝術，有人偏好文學，更有人使用科技企圖留住瞬間即逝的畫面和感覺。因為我們會老啊！歲月堆砌了太多的事物，反而讓我們容易遺失，甚至無法乘載了。老師就是想留住妳們的美麗，所以不斷地與時間競爭，只要給我一剎那，我們的故事就永恆了。

　　妳們知道老師最擔心的是什麼嗎？也許妳會猜是考試成績或是榮譽競賽。其實，我最憂慮的是下一刻誰的友誼又出現了裂痕，而妳們將難題或心情丟老師處理的時候。感情的事情是很微妙的，就像敵人和朋友的關係一樣，因為立場或情境的改變，關係也會有所不同，此時是友朋，下一刻很有可能就成了敵對的人物。可是妳們才是高中生呀！妳有選擇的權利，當然，他人也有判斷的意志。小王子說：「真正重要的東西，是眼睛看不見的」，「尊重」這看不見的精神，才是相處的利基。誠如這兩年半來，無論妳的成績為何，還是妳在班上其他方面的表現怎樣，只要妳長尾巴的日子一到，老師會請全班為妳唱生日之歌，妳也會收到我的祝福之禮一樣。在老師的心目中大家都是相等的重要，唯有彼此的看重與尊重，相處方能充滿喜悅，生活愉快學習才能加深擴大。這也是咱們勤班的精神──尊重、相信、快樂！天涯海角妳們都不可以忘記。

　　老師知道考試一直是妳們的夢魘。中學這麼多年下來，妳們個個都成了考場老將了。雖說是老將，經驗非常地豐富，但失敗挫折、難過無奈也不曾少過。都已經撐到今天了，再大的苦難也就是這樣，妳真的不必為了數字而喪志，考試會過去，妳的努力會被留下，好讓每一個接續者知道，妳是如何地曾經奮鬥過。還好，在過去的歲月中，我們這一班不是典型的書呆班，妳們還會創造自己的生活內涵，懂得享受生命的價值，所以妳們知道如何「玩」出自己的模樣，別人學不來的態度──讀書與生活雙贏。在忙碌中增添喜悅，就像生活中我們常有意外的快樂，哪怕只是一個饅頭、一顆橘子、一粒糖果、一片蛋糕、

一杯奶茶，還是同學的一句話、一抹微笑，都足以讓班上的心情飛揚。這是屬於我們的簡單快樂，其價無比！

　　學校就是學生和老師的天下。可是，姑娘們妳們應該時時刻刻都有感受到父母的疼惜吧！尤其，大考之前家長們以有形或無形的方式為各位加持，各種別出心裁的設計有時還真讓人絕倒。因為他們用心，所以妳們真的好幸福，身為導師的我，只有滿心的感謝，對於勤班的照顧我並不孤單，家長是我就有力的後盾，給老師支持提醒，讓妳們在高中的黃金歲月裡，勇敢地做自己。

　　幾度寒風中來到宿舍，坤昱樓的神情凜凜。住宿同學的情懷不同於通學生，自己的喜怒哀樂可以天天回家釋放，或有同儕解愁，畢竟不比在家。這一點我感同身受，因為老師也曾有過類似住宿的經驗，雖然多年之後回想，已然轉成甜美的記憶，但當時的心情我還可以在住宿同學的言語中回想起來。老師無法為妳解愁，除了傾聽妳的悲傷，無奈地看著妳的眼淚簌簌，就只能以咖啡、雞排、章魚燒、燒仙草和那微涼的小蛋糕，在黑風淒淒裡暖暖妳們的心情。褪下制服的妳們，才是真正的妳們，一點傷能算什麼呢？

　　很喜歡假日留校的日子。高三真的辛苦，別人開心地週休，妳們非得要枕戈待旦，還毋忘在莒呢！可是呀，班導卻很享受一整天和妳們膩在一起的感覺哩。理由很簡單，就是今天我可以把妳們「看」個夠！平時，大家都忙，我上課忙，妳們讀書學習更忙，來去匆匆，難得閒情關照每一個人。猶記成年禮的時候，好些家長都說妳們出落的不凡，是自己的學生哪能不言是真。其實，只有假日留校的時候，老師才會從講臺細心地端

詳著妳們，天哪！家長果真所言不差，就是窗外寒流逼人，勤班教室卻讓美麗漾得溫馨。

　　好多事情如今回想很是縹緲，故事愈想愈多才驚覺紙短情長。感謝各位寶貝讓我學習到好多我不曾有過的教育經驗，也讓我享受到身為一位老師的快樂和成就。我很嘮叨，但妳們少有抱怨；我很挑剔，妳們知道老師在想些什麼；我不完美，妳們以笑容接納了我的缺點；我很愛妳們，這一句話妳們習慣地放在心裡，卻是老師在妳們畢業之際最想告訴大家的。

　　列車就要靠站，我們的故事不會因為下了月臺而結束，窗外的風景依舊，思念也依依……

永遠愛妳們的 C 導上

2011.2.12

原載於《詠絮》第 21 期特刊

靜也是一種美

親愛的 S 們：

就快要畢業了！今天從講臺望去，教室後頭的大公告欄上布滿了各種色彩與大小的圓。霎時，老師彷彿來到了另一個宇宙，身處於想像的外太空，既驚喜卻又好奇，好奇於你們的創意和用心，也驚喜於你們那富有哲思的構圖。

那一些圓，表面上只是帶有顏色的圖紙罷了。然而，在每一個不同的圓心裡，應該含藏有你們的象徵與意涵。它可能是代表光明的太陽，是讓我們愛上神話的月亮，更有可能是我們朝夕所依的地球。如果這些都無法道盡真正的意義，那這一群幾乎轉動起來的圓孩兒，就有可能是你們心中想要的一種境界，這境界是生命的、是青春的，也是夢想的；是圓融的、是團結的，也是完滿的。

它已經不是眼中裡的圓了，它已然是維繫每一個人所以存在的巨大力量，你們企圖招喚它、形構它，不僅美化了公布欄，也美麗了每一個欣賞它的心靈。

窗外的風鈴花一夜綻放，料峭的風將殞落的黃雪帶進因冬寒而蒼白的心情。走到戶外，驚見有心人早我一步來到樹下探美，人行道上有黃雪砌成的圓，感覺上它是個特別的密碼，雖然朵朵都是方才離枝的謝花，看來卻是離情少而喜意甚濃。總

覺得少了頑風的戲謔，那一些靜躺於道上的殞花，頗具一種說不出的美感。就好像在教室，你們正走筆於考卷，而我發現後頭的圓是那樣的靜得出奇，靜得如此有境界。

　　原來「靜」才是發現世界的主宰。心靜下來，世界就變得無限寬廣。煩忙的生活，一旦失去了靜泉的活頭，就非常容易讓生命滯留，無法清明，又何來自我的安頓與生活的新味呢？靜不是不動，靜是生命的轉動中，讓運行更為順暢的潤滑劑，它存在於動之中，卻可以在動之外調整人生。靜是每個人心中的那一面鏡子，讓我們時時看到了自己，可以反省，可以發現自己所不能見。靜也是一種美，將醜陋的轉化為美好的事物，使得乏味的現實，賦予樂趣。

　　當我們靜定下來，現象世界會造成困擾的一切就難於附著於我們的心窗。陶淵明不也這樣說過：「心遠地自偏」嗎？其實，他所說的並不是什麼聖賢哲理，而是人人當下便可以獲得與實踐的生活模式。畢竟人生不長久還苦多於樂，如何掌握生活、把握生命，甚至要轉悲為喜、以理化情。我想，最方便也最廉價的方法應該是「靜」吧！

　　風來的時候，你無須問它將吹向何方，要緊的是立刻定下自己的那一顆心，甚至可以闔眼聆聽那陣陣的風濤，讓自己的感覺放在最自由自在的位置上，與幸福的世界同轉，和快樂的生命同行。這妙境意趣，我想應該是人生最棒的情致了吧！

　　好喜歡諸葛亮的名言：「淡泊明志，寧靜致遠」。有一回商請有名的書法家特地為我揮毫此句，怎奈他老人家卻故意寫成了「真善美」斗大的三個隸書。驚疑的我還以為是自己未能講明所致，探問才知道是書法家的頑意，他半開玩笑的說：「你

正年輕力壯呢，要什麼淡泊明志，它是我這把年紀的專利！」
傻眼的我，臉上的羞赧紅透了半天邊，卻也怨懟他老人家不詳
在下真正喜歡的可是那下半句哩！老師不知道你們認不認同書
法家的見解，但是「寧靜致遠」的意味，我想應該適合世上的
每一個人吧。

　　我們一輩子幾乎在加、減、乘、除中度過，哪一天突然回
想起來自己來時路上的一切，真不知當下的表情心情會是如
何？喜呢？抑或數不清的悲傷啊？這一想是不是被老書法家所
言中了，年輕人不該有太多消極的想法，要不然就掉進了生命
的泥淖，抓都抓不到真正活下去的理由了。但，要洞澈這一切
倘若無「靜」，又何來一切了然的可能呢？而「靜」不就是「鏡」
嗎？有了它才可能看清楚生命的美與醜。

　　老師喜歡飛鳥掠空的感覺，王勃寫：「落霞與孤鶩齊飛，
秋水共長天一色。」這美景真令人陶醉不已。想飛好像是人人
心底的一個夢，也許你可以站在狂笑的太陽底下，張開你好久
不再為自己釋放的雙手，以心眼為視窗，想像那輕盈的手為翼，
勇敢地一蹬，你就是翱翔世界的大鵬鳥了，搏扶搖而直上天際
的感覺真美，一種不亦快哉的美好在心中飛馳，不必莊子教你，
你已然是在「道」中悠遊。此道為何？師曰：「靜」也，不信
你可以問問莊子先生。

　　靜，是自然中的自然，美麗裡的美麗。它是我們生命的本
能，更是我們生活的法寶。你知道的，人生不如意十常八九。
畢業以後的你們，必然要努力地奔向前程，追求自己的成功，
還有不朽的價值。這些都是該做的事，也是你的使命。但是，
親愛的，老師還是想以這篇文章中的想法與你分享，也可以說

是老師最後的一項叮嚀與祝福，不要忘記你還有靜的力量存在於廣大的心靈之中，也許有一天你跌倒了，就算是遍體鱗傷，也要將它呼喚，它會讓你困頓的心情化為天邊的一道彩虹，讓你度過人生的困境。

　　之所以可能，因為靜才是真境，是永不缺席的力量！

愛你們的 C 導上

2011.3.12

原載於《南市青年》292 期

眾裡尋它千百度
── 《詩想起》自序

　　《詩想起》整理完成的當口，我坐在南風呼呼的窗邊，聆聽窗外一群不知名的巧鳥分享彼此的心事，雖然無法確切地了解箇中意味，但在牠們那時而激情又時而溫柔的語言裡，不知不覺竟讓心情陶醉其中了！

　　距離上一次作品的出版已有三秋，這些年的人生過程、世界面相，抑或記錄命運的歷史都已然頓變。就像對鏡自照時，常常驚覺白髮豎然如旗招，意圖挑釁我不願承認改變的心情；輪廓更深的魚尾紋，毫不考慮你的感受兀自在鏡湖裡悠游。一切一切的變化，都是如此地自然，卻也令人無法自外於歲月的巨鏡之中。

　　總覺得寫詩的人，其最大的快樂莫過於在詩中可以看見歲月的成住壞空，在詩裡記錄了自己的喜怒哀樂，更在詩內透澈了人生的加減乘除。驀然回首，固然時不我與，但也收穫無限。在詩的國度裡沒有所謂的輸贏，也無須論說什麼成敗，詩不像儒家也不必逍遙如道家，有時候它像一名墨者櫛風沐雨，轉身一變更可能針砭似峻酷的法家，讓小人們也正視詩的急急如律令。

　　文學作品不能離開生活而自言自語，甚至必須專注集中地表現眾生百相，詩尤其如此。當每一次的創作靈感乍現，詩人會以抒情、想像、概括、凝練，以及富有內外節奏和跳躍的形式，將生活的感受透過意象融貫於作品裡，我的賦詩經驗也是這樣的過程。因此，《詩想起》這一本集子它的源頭是社會生活的一切，加上自己的觀察與體會以文字符號將它表出。感激過去生活中豐富子青生命的人事物，因為有此深厚的本質，所以再回想起過往的一切，依然確信永恆的概念還是有它存在的意義。

　　感謝文史哲出版社發行人彭正雄先生的提攜慨允詩集的出版；也謝謝諸多詩人前輩多年來不吝在詩作上給予指教和鼓勵，子青一直銘感於心。最後，要向我的學生翔雯說聲謝謝，在他確定已甄選錄取大學之後立刻協助整理《詩想起》的細節工作，因為有他所以此書才能儘早問世。

　　寫詩就像在癡追那似近卻遠的地平線一般，要帶有幾分的傻勁和美麗的憧憬。能這般地堅持，方有不斷的作品在潮來潮去之中留下，留下來好為這一個世界以及自己做那不滅的印記！

　　　　　　　　　　　　2011.5.4　子　青　序于台南府城

草的滋味

　　工友先生正在校園裡除草，原本空靈的校園頓時漾起了一股鮮草味，恰好經過，就這麼清新地掀開了塵封甚久的記憶，讓上課前的心情變得很不一樣。

　　生活環境被偌大的城市包圍，連帶將遊走生息於其中的心靈也一起淹沒。雖不想以悲哀聯想，卻又不得不如此的思維，都市人的寂寞與無奈便可想而知了！

　　那一隻巴戈鳥毫不畏懼地緊跟工友先生的背影而覓食，心想連都市的鳥兒都敢這般地囂張，簡直瞧不起人嘛！何況除草機的聲音震震價響，連旁人都會受到到驚嚇的氣勢，嘿！牠小鳥兒卻自顧啄食，目中無人且罷，那一份悠閒自在的讓人好氣又好生羨慕。

　　除了那般悠閒，我突然意識到「人鳥相忘於江湖」的意境，那一種和諧自然，沒有權利與富貴霸凌傾軋的畫面，欣賞起來就是那麼不同凡「想」，令人想起了陶潛的自適，黃春明的傲骨，還有故鄉的山水人情。

　　卸下了官場的包袱，在那一個時代看起來是沒有未來的傻事，陶淵明卻這樣堅持自己的想法心意，任他人側目、由你們懷疑，我就是要歸去來兮！這是好樣的陶潛才有的性情。草就

是任你不屑、由他鄙夷，它還是堅定地做它自己，誰也除不盡它的生命力。

　　黃春明也是好樣的，為鄉土灌溉自己畢生的心血，卻被杏壇的無知者以海報刺傷了他的努力。粗話飆了，衣服脫了，就是要捍衛自己的良知與初衷。草不也是這般地堅韌，任你踐踏、由他瞎拔，風一起雨一來，我還是挺起，這就是真理。

　　草的滋味就是故鄉的滋味。人在都市裡翻轉，心卻常常夢迴故鄉，剪不斷的思緒猶如那除不盡的草根，土表看似淨空，但底層裡還埋藏著生命的因子，一場及時雨就會將心情的草芥滋長，而且迅速蔓延。

　　此刻，工友也許可以將小草們治理的一派平整，好像它們過去一直都不曾存在過一樣。但是，我非常相信，相信這些草兒們就如同陶淵明喜歡的耕讀自然，黃春明執著的本土關懷，以及我所依戀的故鄉滋味；不會因為外在的世界怎樣的變遷影響而有所異動自己的堅持和深固的理想。因為，草的滋味是永恆的美麗，我們同心嚮往！

2011.5.27
原載於《蒙泉佳音》第 5 期

喜樂市集

　　再大的風雨，也吹不垮、沖不壞我們的快樂！

　　大愛村的廣場上，布農族的小朋友正以優美的舞蹈迎賓。環繞廣場四周的是村子居民的簡單攤位，還有我以及內子、剛讀高一的偉兒，和來自高雄都會地區的朋友們，就這樣一起歡度了一個特別的上午。

　　前些年，莫拉克颱風一夜驚醒全臺灣人的心情。高雄那瑪夏、甲仙小林、桃源寶來，還有其他地區諸多的山地部落，紛紛因風雨釀災讓人生離死別。當時只要打開電視，怵目驚心的畫面迎面而來，莫不叫人驚惶難過。好些日子過去了，在政府與民間慈善團體的努力下，終於在最短的時間內讓受災的同胞們，能有一幢幢暫時遮風避雨的屋子，暫離傷心的地方，重新出發。

　　我很激動的告訴朋友們，我的家鄉——高雄市杉林區，觀音山下那一大片臺糖公司的蔗田上，興建了可能總數已超過原來全區戶數的「大愛村」。從友朋一臉不可思議的表情中，我，一個旅居在外的遊子，心中的那一份驕傲，是當下所有的語言文字都難以形容的。從來都沒有想過，家鄉這一個樸實勤奮的地方，有朝一日也可以如此擔當重責大任。

　　由於工作的關係，我並不常回到家鄉。許久一次的探親，我都好珍惜被山嶺、被田疇擁抱的感覺。自從大愛村成立以後，每回歸鄉來此村關心一下這裡的住民，竟也成了一種歡喜的習慣。駕著車沿著舊公路，再轉進產業道路，抬頭望見了杉林國中門口那兩尊可愛的葫蘆寶寶，我知道自己已經來到了大愛村的入村小路了。順著小路邂逅了校園內那因風款擺的芭蕉樹，不遠處慈濟志工以漂流木矗立於入村小橋前的木招，格外引人注目。

　　規劃有致的區域與道路，無論是哪一族的人被安置在這裡，都可以放心的生活。因為，橋外的世界我家鄉的人是如此地和善好客，更何況幾多歲月以後，我們就是這一個桃源世界的自家人了。橋內的住民，大家曾經一同走過風雨，生命共同體的力量不是外人可以小覷的。這裡沒有華麗的聲色，更找不到墮落與腐敗，有的只是堅強的意志，和足以發揚光大的生命意義。

　　車子輕輕地轉彎，就怕驚醒了這裡的悠然。眼睛的餘光，驀見了一位母親呵護小孩的身影，這讓我想起了自己的小孩，雖然他就靜靜地坐在後座上。過去的日子，不知是怎樣的方法與幸運，才能將他拉拔到如今的模樣。那位母親的小孩，以我的目測，也該是莫拉克那一年誕生的災童吧，他應該慶幸自己的運氣，而我的小孩呢？我想，他特別要珍惜自己福氣哩！運氣也好，福氣也好，兩者都要感恩才是。

　　再一個轉彎，才發現由市區「喜樂專車」載來的朋友們正魚貫地進入廣場。今天是週日，依慣例會有從高雄市區而來的人士，來到這裡與村民同樂，順便透過一些小交易來照顧這裡

的居民，村子也組成了舞蹈隊，一方面透過舞樂讓原住民的文化得以傳承，另一方面也可以藉此答謝關心他們的朋友們。廣場上迎賓舞的畫面是如此地溫馨感人，外地的朋友們也情不自禁地與原民小朋友共舞，藍天下我的眼角幾度為此泛淚。

節目的主持人手拿著麥克風激動地說著，他說很奇怪的事常常在最後一曲起舞的時候發生。原本晴朗無風的廣場，會在「大海」的歌聲響起時開始起風，因為原民的祖靈會聽到這美麗的呼喚，以海的聲音，激起了海風，迴盪在聚會的場合。說也奇特，就在麥克風停歇，舞曲飄揚的當口，突然一陣陣的強風將遮陽的彩棚舞動。頓時，所有的人驚異莫名，回神後廣場上霎時響起了如雷的掌聲，為這無法解釋又是這般巧合的情景興奮不已。

這小小的市集，卻帶給我們莫大的喜悅。就像它的姓名「喜樂市集」一樣，來此寶地一遭，回程時一定快樂滿滿。因為歡笑，所以他們不再悲傷；因為感恩，所以他們帶給世人快樂。從苦難中走出來的喜樂，是一種無價的幸福。

風雨已經過去，他們正邁向幸福快樂的未來！

2011.8.23
原載於《詠絮》第 21 期

回眸夢先覺

　　第二十次參加教師節慶祝會，心情說不上美麗或哀愁，只是腦海裡的故事如同列車外的風景不斷地翻飛。倏忽之間，確有幾個景點暫時停格，那些影像有點模糊，卻又是那麼深刻地被記憶典藏；也許當時所烙下的痕跡太過鮮明，而今思之還是這般地感觸良多。

　　前些日子，受邀參加十二年前畢業學生的同學會。因為適逢建國百年的好時節，這一場師生相逢的聚會就顯得意義非凡了。會場中學生籌辦的用心處處可見，其中特別讓我感懷雋深的是播放昔日的照片翦影；都事過十幾個年頭了，如今再睹往昔這些女孩們的身影，仍有從前懸念的心情在記憶中澎湃。

　　那一年我們成為師生，結下了這一生的情緣。在此之前，我們各自於茫茫的人海中航行彼此的方向，因著某種的緣份讓我們暫時靠岸在一所天主教的學校裡相識。如果這不是修來的福氣，又該怎樣詮釋它的存在和意義呢？

　　當年，她們還是一群我口中的丫頭；今天，會場裡穿梭嬉鬧的小朋友都叫我「師公」了。這般的對照，想來就令我格外地激動，原來歲月已悄悄地改變了世界的模樣。而我，一個以黑板為鏡中年後段班的老師，卻看不見自己的容貌老去，與歲月難爭的事實。尤其，每一屆的學生都是那麼地年輕，真的容

易讓人錯覺自己永遠不老，青春將會一直永駐。有朝一日驀然回首，才了解時間的厲害是這樣地驚人，然而時光疾走，教人又能如何？

上臺從校長手中領取了教育部的慰問金，臺下的寶貝學生狂吼著我的別號。霎時，頗有些許老邁的心情突然清醒，望著洶湧的人潮，原來我的孤帆尚在風中飄蕩，未曾遠離原初的理想與目標。雖然，青春不再，視已茫然而髮已斑白。

回到了臺前的座位，雙眼一闔，竟是二十年的故事鋪陳。心情有些著急，是因為那些早已離去，如今散落海角天涯的學生們烙印於腦中的身影。應該不同了吧？他們當是成熟美麗的女子了，不再是我口中那可愛的小姑娘，或是俏皮的小丫頭了哩！熟悉的笑臉、嬌美的聲音，依然迴盪於記憶，卻又邈邈把握不住它的存在。眼眸突醒，偌大的禮堂，還有我愴然的心情幾許，悠悠飄蕩於時空的笑靨裡。

還記得那一群藍色小天使，不知是何緣故將我團團圍住，嘰哩呱啦地各說各話向我抱怨自己的不平。猶記當時的我，從四樓遠眺椰子樹梢曼飛的小鳥，突然心裡一笑，你們都成了校園中那一隻隻可愛的小麻雀，圍繞著我這一棵大樹。我依然無語，而你們卻不肯罷休地賣力鳴叫。此時此景，還停居在我的心上，也收藏在一個平凡導師的記憶簿裡。

風箏，那還飛翔在夢中的風箏，這一輩子也難飄落了！帶領你們放風箏，應該是這些年來最快樂的教學經驗了。暫將課本放下，也將擾人的考試擱置，此時只有風和風箏與我們為伴，手中的線是那被遺忘好久的心情，今天就讓風箏帶著它一同飛

翔，在藍空中追尋自在、徜徉幸福。那些年，我們有著風箏的心情陪伴，所以，也美麗了好幾個快樂的季節。

　　成功與失敗都被我們寫進生命的記事本裡了。失敗之後的惆悵和無奈、尷尬與痛苦，你們已經學會了好多，卻一次又一次地不肯低頭。為了證明自己的能力和奮鬥的意義，考試、競賽與自我超越都已然成了生活中的家常便事。你們辛苦的背影老師都看在眼裡，更疼惜在心中。當汗水化成了成功，老師為你們高興；萬一不幸，又是失敗的難堪，老師也與你們一同悲傷。如今回想起我們共同走過的快樂和傷痛，就好比此刻窗外的風一樣，看似不存在，但又清晰地聽到了它的呼喚。

　　我們的故事是很難一言道盡的。離開了禮堂，再度走過我們曾經一起活動的地方，彷彿還有你們的笑語蕩漾，還有我非常熟悉的身影忽現。夕陽就要揮手，突然害怕將臨的月夜會把你們帶走，著急地想留住你們的背影。驚惶中，老師轉身回眸，倏見過去那一幕幕美好的夢境，竟早先一步在晚霞中流連。

2011.10.10
原載於《南市青年》296 期

柚在我心

　　下了交流道，彷彿已經嗅到了柚子香，一雙眼不停地搜尋香味的源頭。啊！這裡不就是大白柚的聖地──麻豆嗎？

　　想起「麻豆」，大部分的人一定飛快地聯想起碗粿和文旦。其實，過了中秋當北風已在耳際響起時，那又壯又圓又可愛的大白柚也已經結實累累。所以，歲末麻豆的街道盡是柚香飄飄、柚影倩倩，一點也不奇怪。只是我這一個外地人，難得在此躊躇，新鮮感加上好奇心，因而感受特殊，就不得不多加注意它了。

　　星期天來到這裡，別無他因，單純是為了送學生到這裡的學校參加比賽集訓。美麗的校園又是宜人的風，叫人不愛上這般的世界，也難。

　　集訓教室朗朗的演說讓人動容，為比賽而努力的氣氛是這般地緊張。我被外頭小朋友的嘻笑聲所吸引，邁出了教學大樓向那一群歌頌童年的笑靨走去。心情如此地徜徉，款擺的椰梢尚有幾許的秋夢殘存，雖然季節風漸漸凜然，但不減我心的悠然。

　　不知不覺地走到了學校的牆圍，放眼望去，小巷裡盡是寂寥，沒有外頭那筆挺挺大路的繁華熱鬧。雖說如此，卻有著一

股恬適的氣息，感覺是這般地特別，映著築夢的午後，自有屬於它的迷人。一個異鄉客就這樣在巷中悠悠蕩蕩著。

才一提首，不知名的茶舖就戀戀地照映眼底。與我所來處相較，它只不過是大市區裡，那最有可能被鼎沸市聲吞沒的地方。直覺指引著我前進，只是幾步的路程卻改變了今天故事的演繹。沒有想過，早已鋪陳好的生活劇情，卻有必要將腳本微調，才能符合這一刻邂逅的美麗，它不凡但又自然的如此令人陶醉。

給我一杯青茶吧！很單純地欲飲清茗罷了。也許一小杯的茶茗，或可滌去俗事塵懷，好讓這個週日也有一派單純的快樂。很顯然的，腦海裡的想法怎麼也敵不過櫃檯上那幾顆大白柚的耀眼，將所有的注意力牽引。沒有了俗不俗的問題，卻在心底激起了一襲懸疑的浪濤，問號陣陣。

你的大白柚都這麼有造型，是自已的創作嗎？我的問號開始逼近，餘光中他的笑容頗為燦爛。茶已點畢，但他依然未有答覆，反而讓我有些慌張了起來，該不會是自己的無禮嚇著了人家吧？在他傾茶、播糖與攪冰的同時，我，忽地瞥見他笑的方式是那樣地特別，卻也在心頭一驚。

微傾的笑臉，炯炯的眼神，不平衡的身體和異常的右手。突然之間與柚上美圖不甚協調的畫面，讓我的心情好生喟嘆。世界總是難以公平，這是我所知道的事實，但為何當下真正地巧遇，感受卻是這般地翻騰。是美麗有了缺陷，還是哀愁老是形影不離呢？我心裡詰問著。

她一點也不忸怩，她的大方反而讓我有了一些覥腆。或許是生意的關係，她早已習慣了旁人的眼光；可能太多的同情與

睥睨，讓她已經看淡了世俗的冷暖與現實。無所謂了，客人還
是客人，生活的事情才是王道，才情與心情要嘛就暫時擱置。
不然，就只好在櫃檯冷清無人的時候，拿起奇異筆在大白柚上
作畫，畫上自己的快樂，也畫上自己才知道的那一個夢啊！

　　我不知足的詢問那些柚子可否販售？霎時，她的笑臉透過
她的笑聲更加燦爛了。接近狂笑的臉讓我知道今天鐵定是做對
了一件事，而且絕對是利人也利己的大好事。果不其然，她已
喜孜孜地拿起電話請母親到店裡協助磅秤。在這一小段的時間
中，我突然發現這殘酷的世界還有比外物更為重要的東西。當
女孩再一次轉身，以最熱情的眼神投向我的時候，很確然的這
存在於當下的價值，是已被轉化為美麗的「欣賞」。它很輕，
輕得幾乎叫人無法觸覺它的形象；它卻很美，美在一位腦性麻
痺也該是花樣年華女孩那純真的笑容裡。

　　車子都已經上了高速公路，心情卻依然徘徊於那短暫的邂
逅裡。想世間什麼最為奇妙呢？是道上奇遇的好鳥，抑或彩券
中獎的狂喜。都不是，該是在生命中不曾期待，卻是那麼自然
發生的美好感覺。別小看一點點無形的欣賞，倘若一個人生命
中無「知愛」、「讚美」和「疼惜」的能力，那再簡單的欣賞，
都只是一個好聽的形容詞而已，連化為行動的力量都是不可能
的。原來做好人、行好事、說好話，竟是如此可為、可感又可
喜哩！

　　集訓已經結束，在北風呼嘯中我將離去。生命很多時候是
可遇卻難於強求，更多的時刻裡就只能等待而已。也許年年都
有大白柚的倩影，但不確定的是，是否時時有姑娘那動人的笑

驫常在？可愛的柚畫已在旅人的心中留下了它的印記，我心裡思索著，誰說飛鴻雪泥不是一種永恆的美麗呢？

2011.11.11
本文刊載於中華民國 100 年 12 月 20 日
中華日報副刊

一首心詩永流傳

　　國寶詩人余光中說過：「詩，是一切藝術的入場券。」詩之所以成為藝術入門的證明，我想其中最為關鍵的因素，無非是它可感動人的情思和意象，足以確認欣賞者是否懂得藝術的精髓。缺乏詩的內涵，一切所謂的藝術都將只是空洞的形式而已。因此，音樂、繪畫、舞蹈等等藝術，不能離開詩境自言美善，有詩情又具畫意，才是藝術的真諦。

　　如果欲尋這樣一首有境界的入場券，我想前輩詩人林煥彰〈誰該和誰約會──一個人喝下午茶的時候〉的這首好詩應該當之無愧：

> 窗外，一棵挺立的檳榔樹
> 與三樓屋頂齊高；
> 他已習慣和自己的影子
> 和一條小巷，靜默對話
>
> 夏日午后的陽光，足可煮沸
> 一壺茶，
> 沖泡兩杯迷迭香；或
> 我一杯你一杯，紫色的薰衣草

你來或不來，都無所謂
時間依舊會來
依舊會和我坐在同一邊；
一起品茗，一起聊天⋯⋯

檳榔樹的影子，緩緩斜向屋後的一隅
迷迭香和薰衣草都已忘了自己的香味，
你可還記得，今日下午
誰該和誰，一起約會？

　　只要對古典稍有研究的人讀完這一首詩，心中應該會泛起李白〈月下獨酌〉，那「花間一壺酒／獨酌無相親／舉杯邀明月／對影成三人」親切又富有詩情，自適且意象鋪陳，看似簡單卻意味深長、文字靈動的詩境。

　　〈月下獨酌〉是李白、月亮和自己的影子形成了一種特殊的三角關係。而林煥章的詩裡，我們可以驚異地注意到兩組新的「三角關係」：其中一組是檳榔樹的挺拔、樹的影子與一條小巷；另外一組是詩中主角、爽約的對象及赴約的時間。

　　檳榔樹是詩人的寫照，本來要一起共進下午茶的好友，都等到茶香已淡、樹影偏斜，奈何斯人未現，就要空遺憾恨。然而，詩人心情一轉，我並未孤獨啊！還有一個叫做「時間」的老朋友一如往昔來了。雖然，友人未現蹤影，詩人難免有所怨懟（「依舊」一詞在詩中出現兩次，看似自我寬慰，實隱示威之意），但整首詩還是相當生活化的，令人讀之不失親切自然。

　　喜歡這一首詩，在於它的氣氛、情緒和意象從容可感，語言清淡，但轉折讓人深刻。一個人的下午茶，一位詩人的「心情獨白」，真教人難忘呀！

2012.1.1

原載於《葡萄園詩刊》194 期

邂逅夢中的詩情

── 記「高雄文學館」駐館演講暨創作文物展

　　三月的春天料峭，美麗的風神依然在耳際輕語，精神抖擻的高雄已在週末昂首闊步，朝氣地擁抱享受詩情的心靈。

　　從來都不曾想過，有朝一日可以登上文學館的講臺與同好分享讀詩與寫詩的經驗。它終於在今年的三月二十四日快樂的實現，站在「高雄文學館」的講臺上，突然有些不真實的幻覺忽現眼前，雖然自己已是講臺上授課二十年的教員，手拿麥克風滔滔講課早已習慣。無論如何，今天外頭的寒氣卻怎麼也無法冷卻我沸騰的心情，這一場幸福的詩旅就要啟航！

　　約莫半年以前，接受到「高雄文學館」的邀請開始，心裡就一直掛記著兩件事情：一件是演講的主題與內容，另一件則是如何整理出個人文物展的東西。因為文學館必須提前作業的關係，演講方面早已來郵催題，苦思之下就訂定了〈邂逅夢中的詩情〉的題目，以詩情做為基軸來和文朋詩友分享自己讀詩及創作的心得感想。之後的幾個月就反覆思索與確定自己的講稿，並委請內子在簡報製作上給予技術協助。在文物的整理上，只能利用假期翻箱倒篋地尋找合適的詩稿物件，累積到適當的

數量後，在文學館要求的期限之前將整批的文物送達，並於 3 月 20 日至 4 月 8 日在文學館正廳展示。

　　時間飛快，3 月 24 日週六駐館作家的演講就要登場，說來有趣，出門前竟然還不確定自己該穿著怎樣的服裝登臺呢？由於上週日，才穿著一襲中國味十足的白色唐裝在台北領取詩歌藝術學會的創作獎，心裡想著今天到高雄是否應該有個不一樣的外在好顯示不同的心情呢？結果，還是放棄了西式的襯衫與領帶，穿著一件繡有龍形的咖啡色冬季唐裝出門了。我想，這是因為南北都是一樣的好心情吧！

　　來到了高雄文學館，天氣真的不似南方的特色，心裡還想著：說不定聽講者可能比在學校課堂上的人數更少吧？（其實演講現場還有錄影網路實況直播）就這樣想著想著走進了館內，沒想到迎面而來的景象真的讓心情愉快好多，我那些以數日整理出來的二十年的重要文物，透過文學館用心的處理佈置，讓我差一點誤以為是他人的文物展示，因為這些東西被裝置的太美好了，連自己的素描像看起來的氣質都遠勝本人了哩！

　　演講前，很高興見到了只聞大名卻從未謀面的屏東詩人，也是「葡萄園詩社」詩友的紫楓，看到她的到來心裡漾起了好兆頭的漣漪，果不其然，陸陸續續來了好多藝文同好，還有一群我認識的學生與不認識的年輕朋友也來到了講場。才轉身，見到了「高雄市立圖書館」施純福館長與「掌門詩社」詩友陳美鳳也連袂到來。在文學館劉怜珍組長的主持介紹下，我開始了人生第一次校外的正式演說。演講的內容綱要除了前言和結語總共有九個面向，分別是：

一、詩中可有夢？夢中怎能有詩？

二、什麼是詩？什麼是好詩？

三、生活是詩嗎？詩也是生活嗎？

四、寫詩快樂幸福嗎？幸福快樂能成詩嗎？

五、讀詩會感傷難過嗎？難過感傷能成詩嗎？

六、寫詩、讀詩心得舉隅。

七、在詩路上編織夢想，在詩想中美麗人生。

八、以詩記錄人生，將人生提供為詩材。

九、我們都在寫著生命的詩。

這些綱要的講述內容主要是圍繞著我的文學觀：「創作不離生活，詩情文意皆是生命的淬煉。唯有不斷地觀察，並發動文情，能將現實與藝術結合、消融人生中一切的悲歡離合與酸甜苦辣，以筆端鋪寫人生百態，文字才有真情至性，創作才有意義。」來加以鋪陳的。

〈詩中可有夢？夢中怎能有詩？〉我分別以「愛爾蘭選出詩人總統」、「台灣詩路吟唱會」、「看新聞，不如讀政治詩」、「詩意夢尋」、「風是有顏色的」為例，藉著這些新聞與作品的內容來談談個人對於詩與夢的體會。其中最特別的是紫楓的童詩影像作品「風是有顏色的」，因為作者本人就在現場，我特地介紹並邀請她起來接受現場聽眾的掌聲，這個作品不僅聲色俱佳，主要是它的文字雖然是童詩，其意境充滿詩想夢趣，讀之令人快哉！

〈什麼是詩？什麼是好詩？〉我舉了彭邦楨先生〈詩的抒情〉中對於詩的「雄渾」、「奇拔」、「生氣」、「壓抑」、

「清新」、「朦朧」、「憂鬱」、「悲壯」的譬喻，以及我個人對於「好詩」的比擬。還有詩與歌的關聯，舉學生為我詩作〈鏡中我〉作曲和方文山的歌詞，透過現場演唱的方式，來說明一首好詩除了該具備「意象」之外，賦予音樂性與節奏感是寫詩必要的考量，可以讓詩情更有生命力。

〈生活是詩嗎？詩也是生活嗎？〉這一部分的論述重點是放在詩可以記錄生活，而現實生活直接或間接地提供了詩的基材。詩例則是舉了自己的兩首詩作〈看學生上學有感〉、〈往事細數〉做為說明內容，學生上學的情形是我所熟悉的現實，我以他們的心情與立場來記錄一天抽樣的生活狀況。而公園那一對老夫婦的形影在不知不覺之中被我的雙眼烙印了下來，成了〈往事細數〉這首帶有諷刺意味一詩的原形。這個主題我要強調的是：詩人是在生活中看見詩意。

〈寫詩快樂幸福嗎？幸福快樂能成詩嗎？〉這是一個很吊詭的主題，如果「文學是苦悶的象徵」的想法可以成立，那這一個講題就無須論述了。但是以我個人的觀察與體會，詩是可能寄託或補償現實生活所無法觸及的幸福快樂、圓滿完足。我以台客新作〈寒冬裡的一股暖流〉，以及陳文銓〈九月一日〉這兩首好詩與在場詩友分享詩人寫作的喜樂與溫馨。台客以感性之筆寫下丁祖伋先生「彩巾揹母就醫」的孝行；文銓先生則以充滿色彩的詩筆記下美麗的田園之秋。

〈讀詩會感傷難過嗎？難過感傷能成詩嗎？〉這一部分結合了自己的經驗及詩作來分享不同於前項的寫作感受。詩例以時間為序，分別舉用〈斷句〉一詩說明南投九二一大地震時自己當下的心情，〈消失的村落〉、〈慟〉敘述八八風災當時寫

詩的痛苦感受，〈川災真情〉、〈絕不放手〉談到大陸四川震災的寫作心理，還有〈太陽站起來〉記下日本海嘯後感同身受的悸慟。這些作品無論時間已過去了多久，而今再讀，卻是心情鮮明依舊不被歲月帶走。

〈寫詩、讀詩心得舉隅〉主要是與聽眾說說寫詩的美麗與哀愁。分別舉用自己的〈寫詩〉、李魁賢的〈碑〉、楊澤的〈煙〉，以及龔華的〈夢逝－－海葬記事簿〉為例，述說寫作的心情故事、如何在詩中寄託愛的因子、感懷前人的心痛，強調詩作的功能性就像一部文史書，既唯美又真實地寫下生命的記憶。

〈在詩路上編織夢想，在詩想中美麗人生〉說詩是超現實的作品，可以完滿人生所想卻不及，或對於未來的幻望，皆能利用詩作來建構它或設定它。我舉了也是台客的新作〈二十二世紀〉一詩，他以戲謔的筆法寫未來的人間、環境狀況、星際戰爭、詩人終於被想起的流行。讀之真的讓人打從心底會心一笑，但又何嘗不是詩人心中對於世界最大的祝福呢？

〈以詩記錄人生，將人生提供為詩材〉我想提醒有心寫作的朋友們，對於生活中一切的心情經驗不能讓它輕忽而過，適時地以筆記下這一切的感受，或許它不是一首所謂的好詩，但它絕對是你自己生命中一首經典的妙詩，就因為你知道它的好它的喜怒哀樂，就勇敢地將人生做為詩材，做自己的詩人吧！我 以自己好喜歡的一首詩，林煥彰先生的〈誰該和誰約會－－一個人喝下午茶的時候〉為例，談到將寂寞書寫的典範，不僅詩寫得好美麗，連人生意境也不凡了！

最後〈我們都在寫著生命的詩〉，是以鍾順文先生〈回憶是一扇不易上鎖的門〉和涂靜怡大姊的〈不捨〉做為結束講題

前與詩友分享的佳作。再次強調詩是詩人生命永恆的記憶，詩出入詩人的生命經驗，而詩人又何嘗不是在詩中鐫刻生命的永恆呢？

結語，我在影幕上投影了詩人洛夫經典的詩句：「潮來潮去/左邊的鞋印才下午/右邊的鞋印已黃昏了」目的是要告訴聽眾，只要有心就不應該浪費美好的時光與經驗，當下該好好把握光陰，利用詩筆將心情寫下，好讓自己的生命留下美麗的印記，畢竟「詩情不遠，你是自己的詩人」。

提問時間，印象較深的是座中有位長者問說我詩作長短的習慣。我莞爾地說明自己才疏學淺無法駕馭長詩，故只以中短的形式為作。不曉得長者是否滿意我的說詞，但我的腦海中想的是：一句詩都能感動讀者的話，就無須長詩的嘮叨了。

兩個小時的演說就在劉組長的結語中完成，燈光再亮，我才警覺滿場的眼眸與我相視，同校的小明老師獻上一大束美麗的花，演講廳頓時充滿驚訝之聲，瞬間，我強烈地感覺到溫暖的春天就在文學館中蕩漾。

體貼的文學館贈送了二十本我的詩集《詩想起》給最早到場的來賓，為此，我也一一替他們簽名留字。我送給他們的文句是：「享受詩情，美麗人生。」這也是今天我演講最衷心的期待。

謝謝高雄文學館的邀請與協助。踏出了館門，告別了相送的怜珍組長，再一次邂逅了高雄的春天，雖然微冷，走在三月的人行道上，心情卻是悠悠。回眸時，那氣質優雅的文學館正笑著向我揮手！

2012.4.5

原載於《葡萄園詩刊》194 期

藝文巨洋中的燈塔

　　三百這一個數字，可以是人類世代瓜瓞的驗證，也可以是大朝代存在的歷史象徵。但對於大台南的中學生而言，「300」這一個巨大的數字，是我們曾經年輕的記憶中值得為它喝采的光輝紀錄——《南市青年》堂堂發行 300 期了！

　　300 期的意義是什麼呢？它代表有好大的一群人為著台南的年輕朋友共同努力、用心奉獻了 25 個年頭；它代表著在過去的九千多個日子曾與莘莘學子朝夕相泳於文海。與時俱進的《南市青年》就像那耀眼燦爛的燈塔，以它豐富的內容陪伴指引曾經茫然的青春，使它勇渡人生的海洋、衝破生命的狂浪，安穩地讓徬徨的心靈歡喜靠岸，找到屬於自己可以安頓的方向與駐地。

　　細數過往，有好多的中學生在這一本刊物中發現與自己相契合的文學心靈，也有許許多多的文藝青少年藉由它來發表自己的心情故事與理想見解。無論是發現或是發表，《南市青年》已然成了我們生命中共同的交集，這樣的事實是值得疼惜及歌頌的。

　　二十年前，筆者來到府城執教。班上的學生在《南市青年》發表了一篇幽默溫馨的文章送給初為人師的我，那是令我深刻至今的美好回憶，也是而後引起我想在它的藝文園地裡發表創

作的原點。當時學生喜歡這本雜誌的程度，從他們會不自覺的在課堂中悄悄翻閱，被發現後羞赧甚至被處分也無悔的堅定中可窺一斑。

　　雜誌要能夠強烈地吸引讀者，成功的關鍵在於它的內涵深度與文材廣度。《南市青年》在這兩方面非但兼具，還更進一步於版面設計及主題內容上不斷地推陳出新。這樣的進步使得內容和形式都能完備，除了提供全方位的閱讀與寫作投稿的發表園地之外，更具有引導社會的功能性，以其正面的佳作、資訊，甚至是校園大觀、人物介紹、專題分享，做為學子之間良性互動與學習的平臺。以上豐富的特質和內容都在在徵驗《南市青年》為何讓學子喜愛的原因了。

　　說到寫作，除非學生自願性地去書店購書閱讀，並善用教課書的選文來充實寫作能力之外，做為學生雜誌的《南市青年》確是中學生在創作上最好的書伴了。因為每一期的內容中大量優質的文章詩作，以不同的形式和創意將這些作者的心情想法呈現在雜誌裡與大台南的學伴們交流溝通。不但於其中可以獲得悅讀的喜樂，更能夠藉此大家相互切磋文藝，欣賞與體會多了，自然其思想、情感與筆力就會厚實而充沛，所謂「腹有詩書氣自華」《南市青年》的讀者當然不同於凡子了哩！

　　或許你也注意到了這一本雜誌的插圖與相片是那樣地特別，這是學生朋友與編輯的巧意妙思，無論是配合詩文或獨顯其影，總是令人眸子因之一亮，吸引了眼神也靈動了思緒。繪畫與攝影的藝術，在這本雜誌中與詩文是如此地和合，不啻充滿了美感，更顯揚了年輕的精神與朝氣。倘若你喜歡浸淫於漫畫的快樂，《南市青年》也提供了漫畫發表的版面，讓讀者在

埋首於考試的煎熬之後，可以獲得不同於教材的風景，讓摯愛它的人，無論是創作還是純粹的欣賞，都能夠吸收或釋放生命中的才華能量。有它，真是不亦快哉！

藝文生活是衡量一個人、一個社會，甚且是一個邦國，除了經濟與物質的富盛之外，可以拿來檢視其格局、氣度與內涵的標準。在現實的生活中，能夠注重藝文的重要，讓自己和每一位願意提升自我的人擁有不同的生命情調，這是多麼美好的境界呀！看西方文明世界的精神力量，有好多是來自看似無形卻一直存在，而且目前仍然延續發展的藝文潛質。由此可見，有文化的生命必須來自有內涵的藝文環境。

其實，欲充沛自己的生命內涵，台南人是很有福氣的，一本傑出的雜誌，就像那隔壁的好鄰居一樣，時時提供優質的生活訊息，讓每一位在這裡俯仰生息的人共同成長，也一塊聯繫生命的至真、至善與至美。這一本優良的雜誌不是他書，它是我們的好朋友——《南市青年》。

如你愛，你可以在它的扉頁驚見世間的美好；如你戀，你可以在它的字裡行間，享受作者的心情故事；如你思，你可以在詩文中邂逅真理的喜悅；如你念，你為何不快快翻開青春歲月的日記簿，也為自己留下永恆的印記呢！

《南市青年》之所以成功，當然是因為作者和讀者一起創造出來的雙贏。但是，如果沒有了主編的識才惜才與智慧創意，雜誌就會像一艘失去舵手的船，它將會迷失正確的方向，想完美地航行是非常困難的事情。所幸《南市青年》的舵手總是才情殷盛，時時高舉文藝的大纛帶領著年輕的生命創造了 300 期

的歷史，不僅可喜可賀，未來，我也深深地相信下一個「南青300」它的美麗光彩也即將在藝文的巨洋中綻放！

2012.4.15
原載於《南市青年》300 期

愛的進行式

　　這就是孔子對天下人的大愛！愛的形式百般，聖人的諄諄言教，卻是亙古不墜。是怎樣的一種力量讓它永遠呢？回顧經典，我們會發現：聖人的無私、博愛與智慧，就是這些精神使得它內化為我們的生命與社會前進的動力。

　　在這天災人禍、禮崩義解的時代裡，如果我們期待世界大同，甚至美好的太平盛世的到來，那兩千多年前孔夫子：「老者安之，朋友信之，少者懷之。」的心志，該是當今我輩，無論是政府要員，抑或庶民百姓，都應奉為勵行的人生願景。

　　因為夫子這十二字的箴言，其意涵不止於內在人格的修養，更已臻於義精仁熟，圓滿完整。而且，其人格精神，已「大而化之」，衣被世界，天人合德，是聖人氣象，「安於仁」的境界了。由於內聖外王兼備，所以足可建構世界真正的和諧與幸福。

　　世界上的每一個人，一定都會經歷「始、壯、究」的生命階段，這是自然法則，也是成長的必然過程。但要如何才能讓生命真正得到身心的安頓，讓它在人生的旅程中完足為人的價值，甚至懂得付出與努力，抑或接受到感恩與回饋。我想，沒有比「愛」更能實踐夫子語錄的內涵了。

　　夫子說：「老者安之」，對於老人們都能予以安撫。也就是希望這一個世界到後來都能妥適地安頓老者，讓他們在犧牲奉獻自己一輩子之後，可以安享愉快幸福的晚年。其實，對晚輩而言這樣的實踐就是「孝」的一種表現，不是只有物質的供給，更要緊的是心靈上的撫慰與關照。如果缺乏對長者的愛心，又何來真誠的關注，就甭論給予適切的陪伴了。

　　時下的社會，人人追求功利，汲汲營營、庸庸碌碌，常有晚輩將老人家託交養老機構，便少有聞問；就是孤置在家，也是老者倚在門邊，兩眼茫然的一片寂寞，看了叫人難受。如果那一位正通過平交道，辛苦踩盡力氣，只為將三輪車上撿拾或乞討而來的回收資源送去變賣的阿婆，可以受到國家社會福利措施的保護和照料，那將是多麼溫馨的一件大事呀！我深深地期待，美麗的臺灣也是有愛有福利的臺灣。

　　夫子也說：「朋友信之」，對於朋友們都能待之以誠信。也就是盼望人世間最常發生的友朋關係，其基礎是建構於誠信與真愛，朋友之間都能夠互信互愛，我們的社會必然會少了爾虞我詐的心機，自然便多了和諧安全的契機了。

　　有了誠與愛，才有真正的付出，才有堅實的人際關係。在世間，無信不立，無愛不成，尤其要立足於商場、政界或國際，更不能缺少這樣的態度與信念。以愛心和誠實待人，不僅心安理得，又能得到對方的尊重，就好像運動場上憑真本事去獲得勝利，才是真正的勝利；若以技倆矇騙得獎，就算他人不知，自己也難自在於日後，更何況一旦被人發現，那就名譽掃地，無法做人了。

　　孔子不也說：「友直，友諒，友多聞」嗎？每一個人都喜歡結交正直、誠信、見識廣博的朋友，這是不爭的事實，也是交友的基本原則。就讓我們從根本的「謹而信」，注重說話的謹慎小心，做到信實可靠，不流於輕諾寡信。到「主忠信，無友不如己者」將朋友當成是自己的一面鏡子，常照此鏡自覺自省，才能認清真正的自己揚善改惡，這就是一種信的實踐了。想起魏徵之於唐太宗的誠諫用心，雖是君臣，豈不是真正友誼的展現呢？

　　夫子道：「少者懷之」，對於少年人都能加以關愛。年少者是社會國家與人類的希望，雖然目前只是學習和成長，還談不到貢獻與成就。可是幾多年以後，這一批批的少年人將會長大成為青壯年，擔負起社會的建設、國家的發展和世界的進步。他們的未來，不容我們小覷。所以，讓年少者得到周全的關愛與照顧，是我們責無旁貸的要務與使命。從生命的誕生，到小生命的成長與教育，都關係著社會國家，甚至是人類的未來，因為我們提供了什麼樣的環境和教養，就會培育出什麼樣的少年人成為以後的每一個大人。

　　在基本的生存安全方面，為了不讓年輕的生命受到威脅，因此衛生醫療上要做到周全；父母不可藉工作的理由而疏於親子關係的建立，使年輕的生命無法得到關愛與照料，甚至任其受到社會黑暗面的影響，造成身心上的重創；政府必須建立健康完善的生活環境，讓他們在愛與幸福中成長，長大以後才有可能是一個身心靈都健全的好國民。為了生活與未來的需要，建立有愛心的社會安全制度、教育體制，讓他們在有保障、有

希望的環境中學習和成長。能如此用心照顧，這一代代的國家棟樑，將會是國富民強的基石，社會永續經營的人力資源。

德國詩人席勒有一句名言：「沒有愛之光輝的人生，是沒有絲毫價值的。」說的一點也沒錯。沒有愛，生命該如何成長？沒有愛，社會又該怎樣祥和？沒有愛，老人家誰來用心照顧？失去「愛心」的文化又有什麼價值可言呢？

孔子立言以教誨弟子與世人，希望人類的社會能落實「老者安之，朋友信之，少者懷之」的理想，如果不是出自於心中的真愛，這一個理念便會落空，流於空談卻無法實踐。非但夫子有知會難過，我輩有理想的人應該也會心痛吧？

愛是包容、忍讓、恩慈、承擔、接受、付出、捨得、無私、分享、信實⋯⋯，這麼豐富的精神意涵，如果只是知道而已，那是不足以成就任何事功的。唯有大家心中有愛，以愛去關照、去擘劃、去實踐，上達領導者，下至布衣民，人人如此，時時實踐，一旦積沙成塔向心力凝聚了起來，那麼大同世界就真的不遠了！

2012.8.2

原載於《詠絮》25 期

又見玫瑰風中開

　　還記得初次與你相遇，那是細雨濛濛的午後，我身著一身草綠色的軍裝，來到了這一個寧靜又純樸的小鎮。二十幾年前，從北投復興崗一路火車轟隆轟隆的聲音陪我來到了台南，接著震耳欲聾的軍用卡車將我送到了埔光部隊，猶記離開北方的時候關心我的中隊長還再三地告訴我：「那天下第一師就在虎頭埤的正前方哩！」就這樣我真的來到了台灣文豪楊逵的故鄉——新化。

　　整整一年又十個月的軍人生活，多次出入大目降的市集車站，待久了，它便熟悉地像是自己的家鄉一樣，讓人感覺到它的親切，也讓人縲綣它的美麗。從前讀中文系的時候，新文藝的課程正興起，在研讀的那一段青春歲月中，曾有幾次欣賞到了台灣文學的經典作品，那一份感動是快樂的，但也有著一股強烈的陌生。會快樂，是由於難得閱讀了屬於台灣本土的優秀詩文；而強烈的陌生，則是產生於過去對於它的存在、它的了解的那一片荒蕪。而今，自己就站在「送報伕」、「壓不扁的玫瑰」作者故鄉的土地上，油然生起高漲的踏實感，以及那文學史的記憶是這般地鮮明活現，真是令人快哉！

　　退伍了，很幸運地留在台南教書和讀書，也在這裡找到了自己的伴侶。內子是在地的閨秀，很有緣份的是他的高中母校

就在新化，戀愛的時候每每言及高中生活，「新化」總是我倆話題的主要內容，甚至三不五時地騎車重溫新化的美好。

因為教書，又能夠在研究所繼續深造，所以能夠一讀再讀、一教再教，楊逵先生那細膩深刻的情懷，多少的學生從課本中、老師的講述裡，獲得了生命的啟發。看似無形的存在，卻是雋永地影響每一個曾經讀過文章的人。當年的「玫瑰」已經在歷史上綻放了它的美麗，如今文章中的花朵，誰說它只是文字的玫瑰呀，掩卷沉思以後，朵朵燦豔的玫瑰不就已然開在時代的風潮當中，讓人驚羨呢！

有一年，夥同學校的同仁參觀「楊逵文學紀念館」，那是午時豔晴的當口。楊建先生此日人也在新化，因此我們一夥人很幸運地獲得他的導覽。在過程中，屢屢注意到楊先生談及父親事跡和過往的時候，那眼神內的光芒是如此地晶耀澄澈，對於先人的遭遇與成就，細說從頭總是清晰深情，這讓後生晚輩強烈感受到了他對父親的敬仰與驕傲。我心裡一直想著：問世間情是何物？不該只是情人的生死相許，應當還有如同楊建先生令尊這樣為人民、為土地付出的偉大精神吧！不然，館中那每一張的文字、每一幅的照片、每一件令人懷念的物品，為何讓他的孩子，一群不曾相識的過客，留下如此深刻的感動。離開紀念館時，我請求與楊先生合照，就在帶有相片的楊逵先生年表前，烙下了這一生值得回味的印記。

走出文學紀念館，我們一群人依著漸漸溫柔的陽光來到了遠近馳名的老街。此刻，街上人潮不多，正好適合微觀它的內涵與特出。「巴洛克式」的歐風建築在春天中精神抖擻，不禁讓人想像它過去的風華，也許現代的它多了一些歷史的痕跡，

但也不難想像過去的它也曾有過光鮮亮麗的歲月，不然來來往往的車潮為何帶不走它的風韻，而老街精彩依舊呢？古早味的餅舖、雜貨店與充滿現代感的咖啡香、雞排佳肴，一起豐富了它的丰采，老街不老，它在時代的年輪上繼續它的美麗。

　　趁著夕照徘徊，我們走在文學步道上，有好多說不出來的心情在胸膛裡流連。回想與楊建先生的機緣，我們邂逅了文豪生命的精彩；逡巡老街時，眼神中的激動，不只是遇見了過去的自己，還深藏了更多的新化記憶。如果從前當兵的相識是偶然，那今日的重逢一定是生命中的必然。

　　書桌上，我重讀〈壓不扁的玫瑰〉，不知為何？心情紛雜。文學館內楊逵先生的身影還留在腦海裡激盪著，是敬佩，是感懷，抑或不捨，不是那麼明確。但是，我心裡知道：台灣文學史少了他，就會失去它的完整；社會運動沒有他的參與，歷史將會少了它的豐富；大目降假使不曾擁有他的存在，那現在的新化必將缺乏一份值得驕傲的故事。賢哲精神不遠，總是在黑夜中綻放如星的光明，引領著人們等待黎明的到來。

　　那一年，我在溫柔的細雨中邂逅了陌生的新化，英挺的身影彷彿只是昨日的模樣；那一年，我不期而遇地愛上了新化教育出來的姑娘，得意的就像鬥蟋蟀的贏家心情飛揚；那一年，我再次踏上新化的土地，在春風中回憶它的美麗，在偉人的故事裡體會生命的意義，也深刻地享受了此地人文的內涵。無論時空如何地變異，大目降樸實精深的風情，永遠都是夢中不變的回憶，而且此生不渝！

　　如果，台灣就是楊逵筆下那一朵堅忍的「玫瑰」，我深愛的新化從過去到現在就一直是培育它的養土，從新化萌芽、生

長、開花，讓深愛台灣的心靈都能擁有玫瑰的芬芳與美麗。它不僅壓不垮，還時時地在風中綻開，讓每一個來到大目降的人們，永遠記得楊逵的精神，也永遠愛上新化的美好！

2012.9.3

原載於《文學人》第 14 期

本文榮獲楊逵文學館第七屆

徵文比賽社會組第一名

讓心去壯遊

　　一群外國長者來台效法「不老騎士」的精神，從台中出發環島實現自己壯心不已的夢想。極地冒險馬拉松運動家林義傑憑著夢想和勇氣，跑過了浩瀚的沙漠，越過了酷寒的冰原，甚至闖過了萬里之遠的絲路。視障鋼琴家黃裕翔不屈服於現實，以他的毅力和夢想彈起了自己生命的精彩，也彈醒了冷峻的世界深藏的溫度，更激起了好多困蹇的心靈擁抱光明的力量。原本名不見傳的籃球好手林書豪，依恃著不屈的信念、堅定的信仰與自我實現的信心，還有對於自己夢想的堅持，一度經歷棄絕谷底的他，卻一躍成為世人眼中的球神。

　　以上這些人的成功並不是偶然獲得，更多的時候，他們在成功之前都擁有著夢想，而命運卻一直無法讓它實現，甚且是不斷地給予挫敗、難堪與沮喪。但是，今天他們真的實現了夢想，讓自己的人生冒險，變成了定義成功的不朽價值。

　　之前，趁著學生即將擁有好些天的長假，刻意派了一項壯遊的作業讓他們可以在收假以後，好好地將這難得的假期生活記錄下來。前提是讓自己走到戶外的世界，用心去欣賞、去聆聽、去感受，去享受自己以前絕少把握的世界。他們初聽老師的作業內容，七八成的學生心裡應該是一片茫然，甚至是不知

所措吧！一般的時候，放假出去玩就是痛快地玩它一趟，還管以什麼心眼發現世界的內涵和旅行的意義呢？

其實，我的起心動念是想讓這一群鎮日在教室讀書、補習班 k 書，回到家中又是房間埋頭啃書的青春生命，是不是還可以選擇另一種不同於書本的讀書方式，來增進自己的智識並擴大生活的格局而已。如果，學習的方式被我們窄化成了書包中一堆的課本，抑或各式各樣的參考書，其他小者如人情事故，大者似天地宇宙的奧祕，還是一輩子都看不盡、聽不完，更是體會不罄的好景、天籟與真理，就容易被忽略、被遺忘，甚至從此浪費了生命中一切簡單卻美好的事物了。

「壯遊」不只是看看名山大川或是雄偉亙古的歷史遺蹟而已，更不是逛逛宮殿、博物館，還是吃遍天下、行程滿檔，走馬看花卻不曉得到此一遊的真義。一趟旅遊下來，換來的如果只是滿身的疲憊不堪，以及塞爆行囊的紀念品的話，那麼好端端的假期，可能因為缺乏用「心」去感受、去感動，就剩下表面的忙碌罷了。

長假結束，從學生陸陸續續繳交的記錄心得中，很欣慰地看到了他們除了記錄旅行過程中的精彩回憶，更令我驚訝與快樂的，是他們以自己的心筆將經歷的一切做了深入的理解、省思，甚且是討論與建議。足以見得這一群孩子沒有虛度假期，在他們人生已經過去的一段歲月中，留下無價的印記。

行走天下，其實不在於這次旅行規模的大小，還是行程內容的壯觀與否。主要是在於行者的心境夠不夠開闊，你的心境夠寬夠大，它就會決定這一趟旅遊的內涵是否能夠壯闊。以開

闊的心看自己也看世界，還有什麼事情無法去實踐、什麼夢想不能去實現的呢？

　　就算環境限制了我們，真正背著行囊欣賞天下的旅遊無法成行，也不能阻礙任何一個人可以在自己思想裡、內心中壯遊。用心看完一本書、體會一部電影的意義，或是仔細觀察周邊的一花一草、人的一舉一動，將會發現處處都有學問，往往可以獲得與平常有所不同的趣味，生活有了不一樣的情趣意味，生命的境界就可以擴大、可以具有新奇。就怕自己不想動腦、勤快地觀察生活罷了，實踐的真諦很簡單，就是一句：「不怕慢，只怕站」而已。

　　為了讓歲月帶不走自己的夢想和勇氣，「不老騎士」們以行動證明了事在人為的道理；為了挑戰自己人生的目標，實現長久以來的夢想，林義傑可以不斷地向前跑，無懼前途茫茫險阻猙獰；為了克服視障黃裕翔以心代眼，讓完美的琴音迴盪在每一個聆聽的生命裡；為了證明自己可以立足於美國職籃，不靠運氣就憑實力，林書豪非但征服了美國人的掌聲，也讓夢想成了最燦美的驚嘆號。

　　所以，我們應該要建立自己的夢想，培養自己無比的勇氣，讓自己的「心」勇敢地去壯遊、去接受挑戰，才能創造屬於自己生命中最值得驕傲的記憶。

2012.10.28
原載於《南市青年》304 期

遇見大鳥

　　在聖功女中教書常有驚奇、驚喜與驚豔的事情發生，這是工作之餘特別的收穫，若不是置身於此境，可不容易獲得這意外的愉悅感受與特別的生命經驗呢！

　　不知何時，牠悄悄地走進了我的生命。依稀記得那一天黃昏正燦爛，頗有推翻李商隱「夕陽無限好，只是近黃昏」慨嘆的氣勢，告訴下班的我世界才開始美麗哩！我背著沉甸甸的公事包，裡面有一半是今晚想秉燭夜改的學生作業；手上提著同事送給我的麵包和水果，似乎他已經先知我即將消耗大量體力與睡眠的事實。被橘陽篩落在地上的佝僂身影，加上微風才輕拂我已踉蹌的鬢髮，心情的海濤漸漸激湧。想忙碌的日子中，原來的自己縹緲地握也握不緊、抓也抓不住，像一艘空船，漂呀漂的、盪啊盪的，目標越來越模糊，方向也詭譎了起來。

　　就在恍惚於今世之困時，我生命中的那一隻大鳥翩然乍現在眼眸斜角的地方。剛開始因為正與另一個自己角力，分了神也沒有太專心於當下的世界。此刻，被這突然出現的形影攫住心情，彷彿黃昏頓時停格，偌大的校園保持最靜謐的姿態，好讓我與牠——「聖功限定」的黑冠麻鷺——今世相逢。二十年來最深刻的邂逅，終於寫在三生石裡印記。

　　大鳥總是神出鬼沒，每每於你不經意的時候出現在校園某地。甚至是你正從樹下花叢邊經過的當口，牠以停格的模樣瞅著你的行動。倘若你好奇地趨前想欣賞欣賞牠，大鳥也會隨著你移動的快慢來決定牠離開現場的速度。牠就是這般地令人神往，愈是不清楚的事物，愈讓人想探探它的究竟。如果，不小心驚起牠的巨翼展翅倏飛，你也可以驚豔牠那大鵬鳥般的翔姿，多麼令人陶醉，恰似莊周嚮往的壯美，自在逍遙。

　　最近一次驚心地相遇，是午時晴朗的歲末時節，耶誕的氣氛瀰漫著整個聖功。我趁著學生午休而校園一片靜和的機會，拿著我心愛的相機欲將十二月的美景烙印。走著走著來到了耶穌降世的馬廄，嗯，清風徐來，使得心情舒暢至極，眼前校工努力布置的佳構充滿靈聖博雅，該將它收藏起來才是。喀！一聲清脆的快門聲，讓我很有成就地散發藝術家的笑意。心想該移步換景了，豈知故事還沒有結束呢，瞳孔左向十五度側處，彷彿有著布置的燈鳥悄然移位，這是時空變異，抑或今年總務處同仁來個 4D 創意燈飾，真是破天荒的創舉哩！

　　嘿！那一盞燈鳥可是活生生的一隻大鳥欸。不行，一定要有科學實證的精神，我輕悄地移動腳步，果不其然，只見牠開始抬腿以電影慢動作的身段挪移。我這個突如其來的行腳客，卻因深恐破壞此刻既美麗又感動的畫面，而躡手躡腳地觀察著牠，好像武俠片中即將對決的劍客。

　　數秒過去，因為警覺到對聖主的不敬，我停止了實事求是的探索，改以文哲美麗的想像。想大鳥為何也來此地朝聖？牠為何對聖功女中不離不棄？這一隻「聖功校鳥」的存在對於我

們又有何意義？深藏都市巷弄中的學校究竟有什麼優點讓牠愛上而駐足呢？牠會遠走高飛嗎？我在懿德樓的微笑前想著。

　　鷺鳥之所以眷戀聖功，我想到的第一個理由是「誠敬」。如同牠也和人一樣懂得來到馬槽前表達對於聖主的虔誠。許多人在此地來來去去，又有幾多的人真能以誠敬之心疼惜愛護守衛這個校園？聖功女中是一個有堅定信仰的地方，雖然它不大幅員有限，小學校人數不眾，但是，以修院聖堂為中心的教育氣質一直是南台灣人所熟悉的。大鳥牠也知道聖功的好，所以願意為它停留。

　　大鳥堅持流連於聖功，因為牠也知道這個學校的「堅持」。堅持愛人的教育，堅持對世界的關心，堅持真善美聖的傳播，堅持福音共享的美德，堅持內聖外王的氣質，堅持對於不完美的人間投注滿心的關懷，更堅持培育弘毅優秀的人才共創世福。因此，大鳥總是徘徊於聖功，想著它的精神，專注於它的美。

　　聖功人「認真」的生活，也是大鳥喜歡上它的地方。這所學校是個具有理想，但不忘踏實的園地。這裡的每一棟樓房，每一塊校地布置，每一株花草樹木，每一次的教育改革實踐，都是以極至的認真，做到極品的成就。大鳥深知它的成功並非偶然，所以也認真地在這校園裡一起成長。

　　因為「相信」所以鷺鳥願意愛上聖功的好。來到此地，很少人會懷疑自己走錯了方向，只有少數還在迷途的羔羊，忘了將美麗放在心上，因而頓失改變自我的前程。做人做事只有相信，才能將生活過的精彩充實，讓自己安身立命而不驚惶。當老師的相信學生，學生會自信地肯定自我走好自己的路；當學

生的相信學校和老師，他會學習得更紮實，更有信心地面對不確定的未來。就好比虔敬的修女，他們篤信天主的聖恩，因而生命豐實、精神璀璨，不畏世事的醜陋與難堪，在他們的心中只有神的力量、造物的美，以及永遠的奉獻。大鳥也深信「相信」的力量，因此牠與我們同在。

　　這一個地球變化太大，沒有「勇敢」將如何面對太陽照醒的世界？雖然聖功不過是一所以女性為主的學校，談勇敢似乎有些距離。但是，要表現勇敢所需的勇氣可一點也不亞於他人，更何況展現勇敢的表達方式，這一群女孩選擇的方法自有其特色呢。有人選擇獨自出國去壯遊去浪跡天涯，有人勇敢地選擇在這所學校一待就是六年的青春，有人放棄假日的大好時光到遠地去服務弱勢的生命，有人不顧一切地選擇所愛埋首於她所鍾情的學問，更有人為了實現理想願意與天主同在一起發揚聖道。種種的作為，如同大鳥勇敢地愛其所愛，愛上聖功是牠一生的幸福。

　　大鳥的存在，讓人發現聖功校園的「美善」與「獨特」。在世界的紛紛擾擾中，以最挺拔的姿態立於現實洪流而不驚懼，以最高的心靈層次觀照眾生萬物卻不徬徨，以最神聖的想望實踐博愛永恆但不空言。就是這樣的特質，大鳥也體會到了它的無限美好、它的無形價值。所以，牠一直站在這裡。

　　黑冠麻鷺是我們的寶貝，是聖功的另類精神與象徵。也許你有機會如同我與大鳥的相遇相知，哪一天當你真的與牠不期而遇，千萬記得要以最誠摯的注目禮向「聖功之鳥」致敬。因為牠和我們同在一起，亙久不渝！

2013.2.14
原載於《詠絮》第 24 期

幸福製造機

　　春天的使者，那來時如謎、離去也速的風鈴花，一夜之間可以將數月被寒氣包裹的城市溫暖了起來，讓其如黃金般高貴的熱情洋溢人間。這整年才燦爛一次的短暫美麗總是叫人難忘，更讓人開始期盼在它轉身殞落之後，明年可以再與它的美麗重逢。

　　聽到電視機裡傳來李安導演獲得大獎的消息；看見中華隊的好投王建民犀利的伸卡球將對手壓制。突然之間，覺得住在台南真的好幸福也好驕傲。這一個新興的直轄市，除了是臺灣的大糧倉，擁有好山、好水、好文化之外，更是養成人才的好地方。怎能不教人欣羨呢？

　　超商的集點活動正夯，能不能收集到完整的公仔家族當然很重要，可是親愛的朋友們，你有沒發現收集點數換東西之所以讓人著迷，內在真正的因素是過程中我們的盼望、期待和擁抱希望的快樂心情及幸福感受。

　　同樣的心理，過年時候彩券、刮刮樂暢銷，甚至被一掃而空，之所以會如此買氣瘋狂，除了年節的原因，其實是大家為自己買了一個做富翁富婆的願望。當然非常期盼它的實現，最好一夜美夢成真，就算暫時可能希望落空，無妨，開獎前光想

著也許可以突然被上天眷顧，那種心情就足夠讓人感覺幸福非凡了！

在學校教書，五花八門的學生真的令人眼花繚亂，更常有千奇百怪的事情在他們青春無敵的腦袋裡、手腳上發生。雖然個個都是麻煩的製造高手，如果老師在他們身上加一點點想像的話，這一群被詛咒成烏鴉的小孩，可能就瞬間變成了一朵朵會唱歌的花，而且是開在老師心裡那滿山遍野、自在無拘好美的花呀！

看過達利的瘋狂以後，誰還會對時間不加以疼惜呢？假使時間真的可以軟化，我們也無須恐懼，因為大家不妨把軟化的時間，構想成一段「暖化」生命的象徵，剛強的時間讓世界太過於緊繃，那就轉個念頭，讓時間溫柔一點，好讓生命以有情有義的溫度去感受、去疼愛我們這一個有些疲累，甚至問題重重的紅塵俗世。這樣想、那般做，都是為了使得生命更有意義，或許還可以更加美麗。

什麼是幸福呢？頃刻間，我們常常是想不起來它究竟形象如何。這些天，一早開門卻意外地發現巷子愈來愈乾淨，總覺得它和以前的樣子有著些許的不同了。是風的好意，還是純粹的自然現象，抑或什麼特殊狀況區公所派人來整理了，心裡一直有著疑團圍繞，好些日子不得其解。

今晨起個大早，出門閒逛去，散心、運動和美食，這是假日再痛快不過的享受。鐵捲門才升到半空，就感覺門外有跫音響起，還有掃地器具的忙碌聲。好奇的心情迅速將門打開，原以為是政府的清潔人員正辛苦的工作呢，乍看，方知是一位素昧平生的老者在每戶人家前面幫忙整理髒亂的東西。我們四目

相對，頓時有些語塞地向他問好，說了一聲謝謝之後，很奇怪的，心情上有著一種莫名的幸福感油然而起，主觀地覺得今天將是美好的一天。真的，這一天的感覺是城市裡難得的曼妙時光哩！

也許你對於周遭的人事，因為太過於熟悉或相見容易，當父母友朋能夠時常在身旁出現每每是不以為意的。太多的生活慣性，讓我們誤以為人生風景可以永恆不變，甚至輕鬆地擁有絕對不是一件難事。往往會有感覺的時候，也就是我們失去了不再是必然存在的時候。相對的世界告訴了我們，任何的事物都是一體兩面的，當我們只在乎一端時，其實另一端的事實已經發生，而我們卻一直未能察覺，誤認一切都不會改變。偏偏所有的存在、所有的現象都在變換更替，直到有這麼一天兩端相會、兩面相覷的當口，才驚覺天下所有事物真的不同了。嗯，到這一刻才會真正了解什麼是「心痛的感覺」，會不會太遲了一些呢？

把握當下就是一種幸福。哲學家尼采說過：「如果你從沒體驗過心中的光與熱，就算希望在眼前，你也不知道那就是希望。因為你無法看見希望，也聽不到希望。」希望是如此，其實幸福更是這樣。假使對於生活從不用心活過，對於生命也不曾用智慧感受過，想要真正地把握幸福快樂，那是天方夜譚的事情。

換一個角度來講，「心」才是我們每分每秒的幸福製造機，也是幸福的代名詞。唯有好好地關照自己的思想意念，別好高騖遠，才能夠認真地欣賞身邊一切的美好。哪怕只是轉眼即逝的春花，或是一則電視新聞，還是收集、購買的樂趣，抑或讓

老師既愛又氣的學生，更可能是邂逅了一次瘋狂的展覽，甚至是偶然發現一位默默奉獻老者臉上的笑容，以及我們還能擁有親朋好友的幸運。一切一切的幸福感，都是我們內藏的那一顆有意識的心，讓我們懂得擁有、把握擁有，也感恩擁有。

幸福不遠，在心跳呼喚的地方，它正向我們招手喔！

2013.3.26
原載於《南市青年》308 期

留予他年說夢痕

── 《戀戀秋水》耐溫存

　　走出了微雨的紀州庵，回眸處依然詩情盈盈。這是年中詩壇一大盛會，精神壯實、意韻深美，且已挺立於詩界四十年的《秋水》，在此發表了又一巨本詩選──那令人驚豔的《戀戀秋水》。

　　在詩家雲集布置浪漫的會場中，看到了好久不見的《秋水》同仁，以及總是辛勤不已又親切待人的靜怡大姊，感覺上是回家的喜悅，一堂老少重逢再聚的感動。

　　手上的《戀戀秋水》呼喚著我快快打開將要展花的繆思花園，映入眼簾的是大姊以細膩整理出來的相片和說明，我驚瞥了十年前的自己，突然有一股莫名的心情洶湧，歲月之忽忽真教人感嘆。

　　當年益成兄慨允為個人的第一本詩集《站在時間的年輪上》出版，也因為他的推薦獲得了全國優秀青年詩人獎。說來人生真是巧妙，在中山堂頒獎給我的人，是這些年來一直在詩藝上提攜、告誡和指導我的靜怡大姊。今晚再把大姊所寫的書信和《秋水》附籤重讀，滿滿的感激佔據了心情。

　　紀州庵的窗外訴說著台北的天氣，詩壇前輩煥彰先生戲稱這是為勞苦功高也即將休息的靜怡大姊所釋放的禮砲。窗雨揮

毫寫詩，夏雷高聲唱和，騷人詩情不絕於庵，台北的午後真的很唯美。

辛鬱前輩離去時在紀州庵的門前手指我說：「小伙子，詩一定要繼續寫下去喔！」我頓時靦然，但也意會前輩詩人的用心深長。

攏聚兩百詩人情懷的《戀戀秋水》拿在手上是幸福的感覺，卻又想起《秋水》就要畫下休止符，讓人心情難捨，而我的文章句點又該如何結束呢？

就以〈戀秋水〉一詩為記吧，永遠記得《秋水》的好、《秋水》的美和《秋水》的情：

> 風雨在窗上寫詩
> 夏雷盡情地吟唱
> 屋裡滿座的詩星
> 璀璨著悠悠秋水
> 今天清澈似明鏡
> 解開不惑的祕密
> 四十年走過世界
> 而妳依然如往昔
> 叫詩眼驚豔美麗
> 讓詩心方向堅定
> 河畔那伊人飄逸
> 回眸時身影瀟灑

2013.6.6
原載於《秋水詩刊》158 期

最美的風景

　　動物園裡的「圓仔」真萌！牠的可愛幾乎席捲全臺，且風靡到國外，這讓人見識到了親情的可貴。「圓圓」與「圓仔」母女重逢的溫馨畫面，不知羨煞了多少的眼睛，感動了多少早已被現實冷漠的心靈。這一幅世間美麗的風景，已經深烙於我們的記憶，相信它也會亙久於未來，被不朽所典藏。

　　來自台南「慕紅豆」主人唐大可騎三輪車環島的壯行，叫人激賞的除了他這五個半月的辛勞之外，更讓人狂讚的是他以真心送出的萬碗紅豆湯。他說一碗湯代表一個快樂，這一趟環島之旅他足足收集了上萬個快樂。唐大可真是一個「傻子英雄」哩，有那麼一些些唐吉訶德的傻勁，卻不輸「圓仔」那超萌的可愛！

　　仁心俠醫林杰樑教授猝然離開了人世，聽到這驚悚的消息，突然覺得，彷彿好一片人間山水溘然崩陷，美麗的風景斷然殞落。我們失去的不僅僅是一位良醫，更嚴重的是在這黑白不分的世界裡，沒有了說「真話」的勇者；而社會也失去了這位醫哲的智慧，引領我們邁向健康幸福的生活。

　　有一段時間了，總是可以聽到家門外有著特殊的聲音響起，幾次好奇地掀簾察看，卻只有搖曳季風的樹和幾隻逗人歡喜的麻雀相對。感覺很是納悶，終於下定決心去發現這苦尋的

答案。原來是新鄰居辛勤地為全巷的人家整理打掃，乍見時雖然彼此尷尬了一下，但隨後鄰居的微笑便化解了我們的陌生。他的客氣謙虛，我的感激稱讚，共同構築了這一天的快樂。

　　一直以來，心中總有著些許的疑惑。固然熟知人性有著善良的一面，但像鄰居不間斷地為他人付出，而且是出自於如此自然的行動，這天底下還有幾人呀？

　　那一天上山去參訪了佛陀紀念館，想祂年紀輕輕地便能拋棄世俗的榮華，樹下苦修悟道成佛，而且普渡蒼生無數。唉！我們凡輩的佛心何時可以醒覺，為何想起來依然是這般地縹緲呢？

　　颱風近了，雨先扣窗預告明天的世界即將充滿驚奇。因為擔心過去那些不美好的經驗重現，害怕卑微的生命又要和時間拔河，這一夜心情複雜忐忑，頓時，周邊一切的影音都成了魑魅魍魎般的駭人，不願想它偏偏揮之不去，叫人失緒，也讓心茫然。

　　猶記那年北海道微寒的路上，讓我首度感覺狐狸的可愛。無視暫停在牠身旁的車子這個龐然大物的存在，竟以滿臉笑意看著一車的外國人，讓我們驚狂的叫喊著，安靜的山色還有恬淡的湖心因此而動容，原來對於這類動物的刻板印象全都瓦解了。

　　首爾料峭的風雪，對著我的臉頰超級熱情地吻著，霎時感覺五官有著發燙的刺痛，從來未曾有過的經驗，就在眼前當下發生。被雪佔據的街角，幾盞虛弱的路燈，一起伴著我從亂打秀沸騰的劇場走回旅館，不識真雪為何物的南方人，終於見識到了夜雪踏歸的詩境，這樣的痛極美！

　　外出踏青旅遊的時候，總是盼望看到所謂最美的風景；好比我們的人生，不也是時常期待著它的完美。而事實卻告訴我們，天下是很難找到無瑕的事物。那我們是不是就該以沮喪來面對不完美的世界呢？答案是否定的。

　　雖然至善至美難尋，但這一個世界從來不曾缺少「不完美的完美」。聖哲偉人並非來到世間便已如此美善，哪一個不是在生活中鍛鍊再鍛鍊，鍛鍊出今日我輩所認識的他們。各行各業的頂尖人物，不也是這樣的歷練才能擁有現在的成就。所以，有吳寶春的冠軍麵包，有郭台銘的鴻海天下，有數不盡的成功人士那讀不完學不罄的感人故事。

　　體會過好多好多的事蹟、感受到諸多的人間風景，才真正了解世上最美的景色並不是外頭視覺的存在，而是我心內在的存有。心美自然風景就美，觀照世上的一切萬物都是美的化身，不完美可以被移情為至美，那何處不是最美的風景？

　　俠醫與佛陀以大愛關心世人，是美；「慕紅豆」、和「圓仔」送給人間幸福快樂，是美；新鄰居默默無私的付出，是美；狐狸同風雪都是旅途中的收穫，是美；哪怕還在飄搖的颱風，讓我們用心守護家園，也是一種美。

　　最美的風景真的不遠，在你我心的方向，而它已經在招手。

2013.8.29
原載於《南市青年》310 期

在風起時，想你

　　歲末如雪花般飄來，料峭的滋味裡摻雜著回顧與前瞻的心情，很難三言兩語道盡如此的感受，卻也無法讓人逃避眼前的事實。

　　還記得《海鷗》停刊在即，秦嶽前輩為了退回訂刊費用特地來電給我，這是自己第一次接到他的來電，卻也從此成了絕響。後來一想，心情不但複雜更是難受，複雜的是臺灣的文學環境似乎越來越不容詩歌的發展，新詩的版圖逐漸萎縮，固然之後或有新的刊物出現，倘要形成氣候應該還有好一段的歷練日子吧？

　　至於難過的，則是辦得好又影響甚廣的詩刊能持續發光發熱的愈來愈杳，是時耶？抑或命耶？想起來就讓人不捨與感嘆。發行 160 期挺立臺灣詩壇四十年的《秋水》也要走進臺灣新詩發展的歷史了，以後教人不思量也自難忘呀！

　　在此，我懷抱著「感恩過去，珍惜現在，展望未來」的心情向它說聲再見。雖然相逢時難別亦難，此時此刻，我感恩著過去這些日子以來《秋水》接納了一位平凡的新詩創作者，讓他在《秋水》的園地裡受到細心地呵護，如母親般的疼惜與教誨；我珍惜著這些日子以來，《戀戀秋水》的發表、不惑之慶的精采，詩壇老少齊聚一堂話當年的美景，讓我享受到了詩領

域的奇妙境界；我也展望著不久的將來，《秋水》可以化身一
隻漂亮的蝴蝶，再一次從我的夢中翩翩起舞。

　　季風已呼呼地響起，這不朽的記憶，將會如候鳥般地在風
起時，想你。一如寫給你的〈真情不朽〉：

　　秋風飛進了我的窗\叫醒沉睡中的夢境\惺忪的幸福還在翻
騰\婆娑的斜陽已等不及地蜇入眼眸\只因綺麗的嫣紅太美\不真
實的空靈引發想像的回憶

　　往事低迴\將殘存的背影拿來下酒\尚有愜意幾分蕩漾\唯恐
醉後的滄桑刺痛了心情\總是想著什麼是歲月的樣子\思索中所
有的人生風景突然停格\害怕季節不顧美麗的脆弱將它撕裂\再
也無法拼湊對你完整的思念

　　想問你可曾收藏擁有的依戀\那冬天都已經輕叩門扉\再堅
固的城池也有老去的時候\當風再也吹不動感覺\眼眸偏偏不斷
地失憶\是否還能如同往昔依然有你\這是此刻的我亟欲解開的
難題

　　歲月無法複製\今生世事已然茫茫\三生石的傳說還會繼續
地演義\而我們的情懷也將鐫刻不朽

2013.11.24

就讓心情翻轉吧！

　　翻轉我們的心情吧！世界來到了 2014 年，也是歷史上我們想忘都忘不了的甲午年。世事紛擾依舊，不同的是我們活在現代，過去的我們改變不了，慶幸的是眼前當下的，或許可以嘗試著調整修正，比方說做人做事和想法角度的問題。

　　前些日子，心血來潮在街上購物，眼睛一瞥商店招牌也沒想太多，不一會兒的功夫便配好了一付眼鏡。說實在的，走出店門心裡頭還蠻得意自己的決定。幾天之後，果真戴上了這付多功能、多角度、新潮牌且號稱眼鏡界 3D 的它，但是，才轉個街口，忽然間開始懷疑起自己的選擇是不是過了頭啊！一戴上去整個世界都變了樣，感覺自己不僅漂浮於李安少年 P 的茫茫大海，更像當年阿姆斯壯在月球上踩下了人類第一步的神奇。問題是當下的我並無法立刻駕馭這一付新型眼鏡，又該如何上路回家呢？心裡著實有些懊惱。

　　懊惱的不是這一付眼鏡所費不貲，或是否定當初自己的決定，而是自己的貪心，想畢其功於一役，看遠看近四面八方都能一付打盡。結果是天旋地轉不知身在何處，走起路來好像回到小時候初學走步的模樣，深怕一個踉蹌會讓周邊的行人笑掉了美麗的黃昏。

　　因為這樣的感覺真的不好受，好幾次打開了鏡盒企圖嘗試適應它，卻又在幾度的猶豫之後，還是回到舊眼鏡的懷抱裡，耽溺於那既安全又熟悉的幸福感。一段日子過去，那幾乎等於被自己供奉案上的新眼鏡，就成了孤獨的孽子一般，低吟著悠悠無奈的淒涼，彷彿控訴著我剝奪它再見世界美好的權利。

　　突然一下的疼惜心情，終於讓我逃避的念頭勇敢地面對它的存在。心想既然與它結下了這一份情緣，又何必拒它於千里之外，讓它孤單、教它黯然。輕輕打開有著些許塵埃的眼鏡盒，憐惜地將新眼鏡的光彩綻放，像金鋼合體一般地重新連接神秘的情索，以全方位的視線再次確認我與它的關係。嗯，真美！

　　這讓我想起結束臺灣之旅已回巴西的茄萣小子吳憶樺。想當年因著法律現實個子小小的他必須在諸多大人的角力裡，也在淚水以及叫喊聲中離開這一塊深愛他的土地。當時電視影幕前的我們應該少有人不惻然吧？甚至還有一種同仇敵愾的心情在胸膛裡流連，好幾個夜晚在夢中想起還會有些許的痛楚。

　　這麼多年過去，他終於回來了！回到叔叔的懷抱，回到鄉親的歡迎聲中，也紮紮實實地重新踏上回歸的路。當年讓我們好傷心的畫面，一下子翻轉成了溫馨的滋味，這些年的空白，都教高興給填滿了。人世間哪有絕對的對錯？時空一翻轉，心情都飛了起來呢！

　　名廚阿基師曾在台北的書展中提及，自己有一次幫人料理訂婚喜宴的烏龍經驗。他說那一場宴會料理過程中，竟在最後的甜湯裡誤把鹽巴當成白糖加入。雖然發生如此無心的差錯，一旦發現自己搞了烏龍之後他立即向主家道歉，也獲得了主人的諒解。我想到的是，常常人們一有過失都是選擇逃避的為多，

阿基師當下翻轉了一般人負面的想法，也調整了人心趨利避害的念頭，勇敢地選擇了道歉認錯，以誠實面對自己的錯誤。今天的阿基師之所以讓人敬重認同，在他專業的領域裡成為箇中翹楚，就是因為有著這樣不怕面對錯誤的精神，而這樣的精神是值得叫人學習的。

甫獲今年冬季奧運花式滑冰金牌的日本選手羽生結弦，是日本 311 大震受災地仙台人氏。災害發生時，他正在當地的溜冰場練習，當時是倉皇逃出還穿著滑冰鞋的他，如今卻已經站上世界金牌的獎臺，受到了世人的喝采。從小便罹患氣喘，連吸進冰冷空氣都會非常痛苦的他，終於堅持夢想贏得了最高的榮譽。由於羽生結弦來自平凡又是受災戶的家庭根本買不起賽衣，母親就一針一線地替他織起了勝利的比賽服。除了親情的力量、國人的期待，讓他成功的是羽生結弦自己不認輸、不妥協的意志，還有他那克服環境的信心和決心。

無論是順境，抑或我們所不愛的逆境，它們都是我們人生無法抹去的風景。尤其是令人難過的逆境，它是人生的一些片段，很有可能出現在任何的時候，唯有把困頓當成通往成功的一條路，才能在不完美的風景中，更添它不平凡的特色。法國印象派大師雷諾瓦說：「痛苦會過去，美會留下。」真是翻轉逆境的好想法！

心能改變，世界就跟著變得不一樣。也許改變以後的成果不是立刻就能擁有，有時候是當下就有所不同，更有可能要好些時日才能看見它的影響。不急也毋須害怕，畢竟人活著就是需要接受磨練，合理的要求是老天爺給予我們的訓練；萬一迎面而來卻是不合常情的挫折，那我們就將它想成是造物者賜與

我們的磨練。凡是往好處想、向積極面思考，自然會有成就感從心底升起，說不定逆境困頓瞬間都將化成了一場美麗的夢呢！

　　就讓我們一起翻轉那些特別的心情吧，就像不停轉動的地球，為世界帶來不一樣的景色。動了，生命的意義就飛揚了！

2014.2.16
原載於《南市青年》315 期

讓雨叫醒我的夢

── 《詩雨》自序

　　春雨在窗邊輕叩，恰似過往句句的詩語呼喚，真叫人神往與懷念。三年的光陰又從眼眸轉瞬之間悄然離去，這個善變的世界，從來不因任何的因素而有所等待，芸芸的生命卻在時間的流轉中更替。不知是該欣喜改變的歡愉，抑或當為無法留住的永恆而悲歌？

　　在過去的時隧中，企圖以詩書寫生命內在如光影般的質素，發為文字鋪陳一種境界，是虛構也是真實。這樣欲以小而搏大的動念，似乎有些不自量力，卻也是已逝的歲月裡，吾人創作當下一直存在的思緒。

　　想起齊邦媛教授所說的：「對於我最有吸引力的是時間和文字，時間深邃難測，用有限的文字去描繪時間的真貌，簡直是悲壯之舉。」真是於我心有戚戚焉。《詩雨》的出版對於我而言，164 首作品，從 2011 的人間四月到 2014 的春天三月，每一首詩的完成，幾乎都存有齊教授所說的「悲壯之舉」。固然悲壯難免，但是創作的精神抖擻依舊！

　　寫詩是一種壯舉，這一種非常人所能理解的行動，往往詩人將它轉化為野性的激情、沉穩的遐思、平實的感受，或者是

對於生命觸發無法自拔的心理。無論如何，這些詩作的的確確深烙著每一位創作人的情懷，化為文字與同好分享，也形成了另類的一種「永恆」。

　　詩是生命的練習曲，作者輕輕地唱，讀者慢慢地和，就在生命的互動中，感受文字符號裡那深長的意義。或能有所感動於具有詩性的靈魂，一起在美麗的生活裡，激昂那多情的曼妙，為這不完足的世界，平添幾許的可愛。

　　寫詩最大的樂趣在於不斷地「發現」，因為以不同的角度、立場與層面，甚至是不一樣的方向和態度，在在讓我獲得各種生命面向的體會，從中享受到了創作的快樂。雖然文藝可能是件苦悶的事，但是創作真的可以讓心情飛揚！

　　《詩雨》的編成，要特別感謝我的學生沈古芯和郭恩淳。在他們繁星推薦考上大學之後，立即協助彙整編輯此書，縝密細心讓詩集得以美麗出版。

　　詩雨紛飛，願飄落與有緣人相遇。我詩，故我在。就叫它喚醒亙古的詩夢吧！

2014.4.26　子　青　序于府城風

創造自己的驚嘆號

　　這一個變動不居的時代，任何事物都免不了被時間所改變。夢寐的和平中總是伴隨著殺戮，美麗的表相裡卻隱含醜陋的本質，成功的現象上還有我們看不到的失敗，如此種種的情事，讓生命何等地辛苦，又叫一代一代輩出的新秀怎樣安身立命？

　　前些日子，世界杯足球賽轟轟烈烈的開踢，每一天都有新的英雄因進球而成了世界的焦點，各國好手莫不想畢其功於一役，就在這一場中揚名立萬。非但足球選手如此，籃球、棒球、賽車、田徑等等運動賽事，身為一個運動員哪一個不願這般的成功、如此的榮耀呢？

　　想一想這群菁英的成就，我們不能忘了獲得成功的背後，那些他人難以見到的努力與付出，以及那條條已被蒸騰的淚水與汗水。成功需要付出絕大的代價，為了創造自己的驚嘆號，不惜犧牲可以的享受，就是要確立自我生命的真實和不凡。

　　「兒子，媽媽以你為傲！」雲建智的母親興奮地這樣說。他不是國際知名的選手，更不是一般正常的小孩，出生就是重度聽障的他，家庭是低收入戶，但是樂觀進取，不僅克服了上學的困難，更以優異的成績畢業於嘉南藥理大學。這一位生命

的勇士，他奮鬥不懈的精神令人敬佩，非但活出了屬於自己的燦爛人生，也創造了讓人欣羨的驚嘆號。

同是七年級生的陳怡任和游宛屏，憑著「我想要改變自己，看見大膽的自己」的信念，出國到澳洲打工度假兩年。這一趟放洋之旅的體驗，不啻讓兩人的生命經驗脫胎換骨，兩個平凡女生也因此成了暢銷書作家。誠如他們所說的：「人生沒有標準答案，答案要自己去尋找」，唯有勇敢地走出去，才能創造自己不朽的生命紀錄。

你可曾見識過十八公分的力量有多麼地強大嗎？前些日子，咱們的國寶「翠玉白菜」遠赴日本展示它的風采，吸引了成千上萬雙的眼睛一睹它迷人的姿影。原本只是一塊璞玉的它，經過了工匠的巧手將它推向了永恆的價值，誰說小就不能成其大呢？它展現了自己鍛鍊之後的精湛，也寫下了亙古的詠嘆。

行動就是力量，險阻再大也擊不垮夢想。八名向日葵少女，以行動傳達對於受虐少女的關懷，以獨木舟完成一千二百公里的環島壯舉，她們的毅力和勇氣叫人喝采。雖然航程是如此的艱鉅，不斷的強風巨浪企圖阻止她們前進，又有海中的逆流讓她們原地打轉，但是少女們仍然昂首奮力地向前划。終於她們證明了自己的能力、信心，傲然地划進漁人碼頭，成功地改變了自己的歷史。

生命不能虛度，成就自己創造。見證了這些生命創造出來的驚奇，不僅僅只是為他們的不凡讚嘆而已，更甚者是不是要見賢思齊，也在心中立下一個為自己創造生命驚嘆號的宏願。願不在小大，有心它就可能成真；心不在遠近，實踐它就可能

成功。只要我們懂得察覺自我感恩過去，曉得把握機會成就當下，也具有前瞻建構未來的效能。能如此，所有英雄、寶玉可以創造出來的耀眼事蹟，你我也能夠創造自己的驚嘆號了！

2014.8.25
原載於《南市青年》318 期

繁花飛舞話聖功

聖功女中，生日快樂！

說也奇怪，像這樣的賀詞我已經在學校裡頭傾聽過二十五次了，獨獨這回的感覺特別奇妙，一時也道不出箇中之奧，只是懷裡有著暖暖的情愫蕩漾，也許是自己的夢中夢尚未甦醒，還耽溺於這鐵軌旁、小溪邊的桃源世界吧！

時間過得飛快，轉眼之間當時還是小丫頭的女孩們，她們的孩子都得叫我「師公」了哩！這乍聽起來還挺嚇人的。不過，當等級驟然提升的時候，心想倘若這二十幾年就像是電視上的跑馬燈，其實好多的記憶畫面，是這麼時時刻刻地重複提醒，我們過去的故事一直都存在著。不曾因歲月的更替而有所消匿，反而經常被些許的蛛絲馬跡、風吹草動勾起了我們心中的想念，且欲罷不能！

在聖功女中最美的是人，在這些人當中最特別、也是最可敬的是深居修院的修女們。她們不僅是學校的守護者，更是如蒙泉薪傳一般的精神象徵。假使沒有先行的修女的篳路藍縷與創建擘劃，之後又缺少接棒修女的高瞻遠矚和永續經營，還不知道能否有現在聖功璀璨南台的耀眼呢？

想起韓永貞修女的長者風範，校園中有她的地方就有春天的喜悅，忘不了她親切的笑容，以及盼兮美目奕奕的神采。現

已退休，具備一身才氣的謝雲嬌修女，聊起她的畫、她的詩和她的餐點，我想沒有人意料到天主的使徒在堅實的信仰之外，還擁有這般藝性氣質叫人欽服。

講起喜歡作夢的李雅娟修女，稍有年資的同仁教師應該忘不了她老人家一動起夢念，咱們就已在募款的囧途上向世界擁抱愛心了；而且修女的夢常常是連續劇般的出現，下個續集一旦上演保證精彩！要道盡修女們的好真的很難，只能說族繁不及備載了。

在聖功任教的日子裡，時常有新鮮事的發生。印象中，那一年全校一起去看表演，是蘭陽舞蹈團在市立文化中心的演出。這次活動的產生當然是始因於克彬堂空間的限制，應該還有小李修女欲讓學生培養欣賞氣質的目的。想想看，全校兩千多人於校外的集合是多麼地壯觀且令人側目啊！

九二一大地震，那一震真的震撼了我們太平已久的美夢！全臺灣一時不知所措，甚至還弄不清楚該如何救災的時候，聖功女中發起了物資救援的收集工作，透過學生、家長和各方善心人士的捐輸，那一晚我在克彬堂看見了愛的力量是如何的巨大，而且非常具體地呈現於眼前。當時來幫忙的人都是志願的，都是一心想快快解救災區的同胞，無私地在黑夜中與時間賽跑，當一車車的救援物資出發，心中的感動真叫人無法形容。

當年來到聖功任教，恰好是「養正」與「懿德」二樓落成啟用，神父逐層逐間灑上聖水的畫面至今依然清晰，因為是自己第一次這樣的經驗，所以記憶特別深刻。不多時，玄翰館的工程已經動土，那時我是高三準畢業班的導師，窗外塵土飛揚、轟天隆地，偏偏又是夏天舞袖演出正盛的當口。猶記修女說我

們要愛地球、護環境，教室沒冷氣只有大小電風扇拚命地企圖吹涼世界的模樣。相信現在的學生一定很難想像，她們的學姊們到底是具備什麼樣的能耐在聯考場上依然表現亮麗的。

哇！花園不見了。原來在鐵軌旁近玄翰館的地方是有些大樹、藤架的小花園，老師宿舍也在鄰近。由於當時這地方是班上的公區，我很喜歡來陪伴學生掃地和她們一起撿拾那大大的欖仁葉。有時候同幾位學生坐在石椅上聊聊天、說說話，真覺得愜意的不得了。可是後來云和館興建了，它們也都消失不見了，甚至那些年和學生放風箏時，常與天爭寵的溪邊樹也失蹤了好些株，現在想起來還真的有些不捨哩。

不管是物是人非，抑或物非人是，這都是歲月的功力，歷史叫人著迷就是這般的滋味。回首來時路，心存感激，感謝這些年來天主給我這麼多的機會在這裡成長、學習、作育英才；也感謝一路上的恩人時時的提攜、叮嚀與鼓勵。二十五年說長不長，但感謝有您、有聖功！

聖功女中創校一百週年，在臺復校五十年，真的是不容易的數字。此刻，冬天將盡、春時屆來，想那杜鵑嫣紅、木棉啼空早已蓓綻有時。祝福聖功下一個百年有成：生日快樂、校運鴻展！

2015.1.16

原載於《聖功女中創校一百週年，
在臺復校五十週年特刊》

典藏青春的記憶

　　我喜歡為學生留下他們在中學階段的生活倩影。剛開始學生只曉得這位導師和別人有那麼一些些的不同，看他愛怎麼拍照，就順著他的意思配合留影。日子一久，可愛的學生們便也漸漸的順其自然，任由他們的班導在課間討論、室內外活動中，抑或戶外教學、班遊的過程裡拍他所拍、照他所照。

　　回想從前，小學畢業時就只有那麼一張畢業班所有師生的合照，如今拿來憶往，雖然顯得有些寒酸，心中卻是懷著滿滿的溫馨與感動。常常想著：我的老師和同學，多年不見你們好嗎？那一年離開甲仙以後，歲月無情、風災雨災，大家是否安好如初？也許山水依舊，只是人有些老了。可是相片中的我們仍然活潑好動、精神奕奕呀！

　　中學的時候，忙著為考試而活，那一種照三餐評量、少一分挨打的青春記憶，現在想起來心裡難免有所感傷和失落。好像那一段黃金歲月不應該只有這些過程；固然沒有留白，但是填滿的部分也不是自己想要的內容。該有的活動能省的都省了，甭說可以多留一些相片給予日後懷想。而今，所能擁有的就只剩腦海中那些載浮載沉的模糊記憶，難免嘆息為這殘缺的青春歲月。

　　人生最大的痛苦之一是：當你要回想過去的自己時，竟然只有容易被風吹散的夢，連一條線索都無法尋覓。偏偏我們的記憶力像是一個篩子，日子愈久，它的孔眼就會變的愈大；我們愈老，寄託於記憶的東西就愈容易脫離。如果沒有了可以憑藉的線索，教吾人如何在茫茫世海裡，重新想起以往的美麗與哀愁呢？

　　人生是一段累積的過程。其中最精華也是最精采的段落，當然非青春莫屬；在這短暫的青春歲月裡，毋庸置疑的，中學階段必然是生命中最為光輝，也是最值得喝采的段落。雖說虎死留皮、人亡留名，而我想告訴年輕朋友的是：就留下你的倩影，這些倩影將來都是回憶時滋味特深的故事哩！

　　在你的青春故事裡，可以珍藏：與好友的互動、比賽時的激動、遊山玩水的感動、冒險犯難的衝動、追求異性的心動……。各種人生的活動都用心攢聚，以後捻來回味時，相信那種青青重現的快樂，將是生命中莫大的成就。

　　現代的留影工具太進步了，近到手機、遠至科技產品，都足以保存我們每天經歷的事物，欲想天天回味過往的情事已經不是難事。倘若，無法為自己留住此時此刻的青春記憶，唯一的問題，便是你是否真心、用心和細心地對待自己了。

　　為了留下「不朽」的記憶，不讓青春只是美麗卻空洞的口號。年輕的你們，更要在快門將要按下之前，好好地充實自己、成就自己。沈芯菱年紀輕輕，不僅就讀碩士學位，更已投入公益十多年。雖然出身流動攤販家庭，這位被《時代雜誌》譽為「天堂掉落凡間的天使」，兩度獲得總統教育獎、全國傑出青年獎章、臺灣十大傑出青年的年輕女子，因為她的用心與努力，

非但寫下了自己的生命紀錄，也成為眾多青年的典範、學子的楷模。這樣的青春值得典藏！

　　技術學院的學生林揚傑與胡廷諺，利用暑假耗時卅天，從淡水出發，靠著極為簡單的裝備和少數的費用，完成徒步環島之旅。不啻做為二十歲的成年禮，更打破外界認為八年級生是媽寶的印象，為自己的青春留下了精采的一頁。這樣的青春值得典藏！

　　江盛浩已經就讀國內高等學府，中學時代便在國際發明展接連兩年都拿金牌的他，其實一直以來，就非常投入自己喜歡的數學與科學的研究中。因為他的投入、專研，並深愛閱讀、發現問題，所以成就了如此令人驚羨的成果。這樣的青春值得典藏！

　　青春真好！可以擁有無限的想像和無窮的可能。近來大學學測成績揭曉，當在幾家歡樂幾家愁的時候，當大家都睜大眼睛細數那些所謂「滿級分」的寵兒時，是不是有想過：青春的美麗與哀愁，就只是有無至高的級分數而已？人生不是只有滿級分才算是完美，應該還有更多的內容可以實踐，更有數不盡的生命內涵，可以豐富我們的青春歲月。

　　就從今天起，好好地將青春有形或是無形的成就加以典藏。因為青春不重來，而明天我們會更老。虛度青春不是生命該有的本色哩！

2015.2.28
原載於《南市青年》323 期

詩憶夢迴情更濃

　　千禧 2000 年，在詩藝文出版社發行人賴益成先生的協助下，出版了個人生命中的第一本詩集《站在時間的年輪上》，這對於正值青年的我而言，是一個莫大的鼓勵和突破。也因著這一本詩集的誕生，開展了以子青為筆名在詩壇接受諸多賢哲調教提攜的濫觴。回首來時路，心中仍然激動與充滿感謝。

　　就讀省中的時候，日式紅樓建築的窗櫺曾是我年少心情的寄託，當自己被老師的授課聲驅逐於藍天時，它是我安全降落的夢境。每有感受體會總在腦海中迴盪，無法排解的青春思索纏繞心懷，快樂或有被溺斃的可能，唯一的出口便是在筆記本的角落裡寫住自己的生命，無畏聯考怪獸的要脅，堅持我的文學夢。

　　大學讀了中文系，絕妙的契合讓我浸淫陶醉於藝文的搖籃四年之久，感謝師長與同儕的教導與砥礪，讓我胸膛裡滿是奇怪的問號想法得以紓解，以古典詩詞文章解析困頓的心靈，以現代詩文藝術充實空虛的孤獨。寫了這輩子第一次的唐詩宋詞，更要緊的是在校湖邊寫下了生平第一首正式的現代詩，這在以傳統為主流的科系裡實屬難得，將它發表在系刊，內容是好友轉讀法商的心情。

　　開始了教書的工作，現實與理想的拉距感覺相當複雜。總不甘心於教科書的囈語，常常有飛奔的想法。為解此心，所以重拾寫作之筆在課餘替自己書寫生命的點滴，單純的動機卻也發而為投稿的勇氣，在報刊上陸續發表的作品，讓自己的心情有了暫時的安頓。

　　詩量既已達書稿之需，心想何不出書與同好分享，於是整理後抱著不踏實的期待遠寄北部給益成兄。豈料不久即獲得回應，而且是肯定出版的訊息，當時帶領學生在台北班遊的我一時難掩喜悅，不擅歌唱的我竟在車上高歌，著實讓那一群寶貝學生驚呆了一下。

　　由於益成兄的愛護，以及《葡萄園詩刊》主編台客先生的提攜，不僅幸運地成為《葡萄園詩社》的一員，更以《站在時間的年輪上》這一本詩集，獲頒 2003 年中華民國新詩學會優秀青年詩人獎。印象極深的是在中山堂領獎時，臨座是名詩人蕭蕭（獲頒詩運獎），當天頒獎給我的是《秋水》主編涂靜怡女士。偌大的中山堂詩人齊聚真是盛況，這叫初踏詩壇的小伙子心中不免忐忑。

　　為不辜負前輩們的提攜，因此更加努力於創作。其間文曉村前輩、靜怡大姊、謝輝煌先生、田惠剛教授 ……等賢不吝指教，金筑社長、台客主編、麥穗前輩、綠蒂理事長……等長輩也時常給予勉勵。讓詩藝尚須成長的我有了最大的支持，在這一條漫長的詩路上，走來非但不寂寞，甚且有了更多的勇氣和信心。

　　給予子青詩作最大助力的非落蒂前輩莫屬。每一次的新書出版很早就為拙著撰寫弁言或詩評的文章中總是有他。他讓我

看到了自己的作品意識，更引領我走對了自己的方向。感謝曾經在《站在時間的年輪上》、《記憶的煙塵》、《詩想起》、《詩雨》中給予評論指點的詩人學者，因為擁有您們無私的愛，所以有今天還在繼續寫詩的子青。

因為認真地走過，才知道世界的美好；由於用心地寫過，才懂得一首詩的力量是如此地巨大。不是創作者的文字魔力，而是詩的內在影響力足以撼動人心，古典如此，現代亦然。以詩鋪陳人生、書寫生命，掌握形上、表達形下，穿梭時空、體會物我，這般吟遊江湖，不亦快哉！這是我的詩觀，也是一直以來在我心中不墜的信念。

這些年來，除了感激諸多報紙副刊提供發表詩作的園地之外，尤其要謝謝《葡萄園》、《秋水》、《掌門》、《紫丁香》、《新文壇》等詩刊長期給予拙作面世歷練的機會，還有《詩藝文出版社》及《文史哲出版社》鼎力協助出版著作。沒有它們就沒有現在的子青。

話說從頭情意卻更為濃郁，往事細數歲月依然悠悠。這些年過去，詩壇人事已有更迭，我也青春漸褪，年逾半百心情仍舊複雜。也許「春天在世界的盡頭顫抖」（《站在時間的年輪上》）依然存在，而我筆藉詩寫心，其信仰亙古也。

2015.3.21
原載於《南市青年》323 期

愛是永遠的慈悲

　　那一年，是家事倥傯的一年；也是母親換作人工膝關節的日子。出發之前，想著老人家心裡必有的不安，便提議到城裡前不妨一起先去廟中參拜，母親點頭答應。

　　來到廟堂，堂內正有法事熱鬧地進行著。父親和我攙扶著母親入廟點香膜拜，然後讓她在一旁的木椅上歇息。這時候，我們才注意到法事活動的儀式內容。

　　乩童口中振振有詞地向神明報告些什麼，最引人注目的不是鑼鼓喧天，或是供桌上那滿滿的祭品，而是那一頭被綁在楹柱上不安地左動右竄似乎相當驚恐的黑色大羊。我心裡想著是否牠已經知道儀式之後將來的下場，還是天真地仍以為天下從此太平無事。

　　冗長的儀式過去，原以為在主祭醮酒於地後可以結束這一場的活動。豈知項上繫著紅色彩帶的山羊突然狂叫，周旁的人七手八腳地亟欲制服這頭在神前放肆的畜生。

　　瞬間，我的眼角驀見母親臉上的表情，老人家的眼眶裡盡是欲滴的淚水。霎時，我意識到那即將被送去宰殺祭祀的山羊處境，母親移情似地感受到了。因此，老人家止不住自己的心情，難過地傷心了起來。

　　在蜿蜒的山路上，腦海中一直盤桓著方才那驚悚的畫面。尤其是母親那一種慈悲的眼神，讓我有著久久消散不去的感動。

　　從小媽媽就教導我們要敬天惜地、愛物睦人。雖然她沒有什麼學經歷，可是比起我們受過高等教育的人，她絕對是一名沉穩睿智的哲學家。而我，從母親的身上學到了一生受用不罄的道理──「愛」是永遠的慈悲！

　　在校園裡，雖然已經是社會化影響最淺的地方。由於組成份子來自四面八方，在所難免地也會有些學生問題，小到作業不交，大到行為嚴重偏差，五花八門的事情比比皆是。

　　年輕時候的我真像發不完的箭，學生問題的靶子正張揚，我那銳利又奇準無比的箭就已命中鵠的，完全得分還意氣洋洋。但常常是表面處理了這件事，其實另一個狀況又已經發生，有著永遠解決不了的事情。把自己弄得極累，而問題依然層出不窮。

　　年事稍長以後，漸漸地了解不論是「學生問題」，抑或「問題學生」一樣都要我們以慈悲來看待和對待他們。慈悲是什麼呢？簡而言之，就是大家耳熟能詳的「同理心」。不是只有師生之間需要同理心來相互對待，同儕、親子、友朋，甚至是與我們毫無血緣但同樣生存於地球的其他人類，或是廣義地說世上一切的事物，都迫切需要以同理心來彼此關心、關照與關愛。

　　最近世界不太平靜，殺戮不幸的事天天見報，戰爭與難民、氣候和災害，看不盡的消息，只會讓人更為惶恐而已。消極面我們徒有空嘆，然而積極的作為往往只三分鐘的熱度，過了大家又忘了教訓，等到下一次發生，再來老生常談。唉！這就是我們人類的社會現象。

　　宗教叫我們愛人、疼惜萬物，聖賢、師長、父母亦然。可是年輕的孩子不是忙著讓人喘不過氣的課業，要不就是沒有目標地隨波逐流，世界離他們很遠，他們也是這麼想著。可是，在變化如此快速的時代中，有誰還能夠慢慢長大呢？

　　就多一點慈悲給自己吧！愛字少了當中的一顆心，任何事情都無法成功，連最基本愛自己的動機都沒有。也許這個世界真的不夠完美，但是你可以讓它趨向更好；或許很多的制度不能滿足你的需求，可是你能夠使它改革的更加成熟。只要你願意，就無所謂的不可能！

　　再糟的國家，它還是我們的國家；再不堪的社會，它依然是我們的社會；再不才的自己，他仍舊是那獨一無二的我。詛咒改變不了困境；責難扭轉不了現實；放棄就剩下空無所有。你希望是處在這樣的心態中，自怨自艾卻一點調整的作為都杳然嗎？

　　我一直深信：挫折打擊不了意志堅定的人，就如同強風摧折不了挺立於天地之間的大樹。給自己一些時間、一點空間；一股有理想的信念、一方光明的盼望。逆境過去，美麗的虹會在不遠的天邊寫下你所努力的成功印記。

　　慈悲是一種信仰，更是一種力量；同理心會讓自己與他人的存在更美好，生活的更為堅實。那一年，我從母親的淚水裡看到了世間的善良，那一份發自心靈無私純潔的情感，而今思之，依然叫人動容！

　　青春正茂的你，又怎能捨棄入世的契機，不去創造一番生命的事業呢？

2015.9.8
原載於《南市青年》327 期

不朽的笑容

　　一位開朗的爸爸哼著歌牽著孩子走進超商，我分心的餘光精準地截住了他們的背影。被現實塞爆的腦袋裡，突然不安地浮動了起來，很難不去注意那特別的畫面。

　　如果說幸福是一場意外，那此刻被眼眸烙下的身影，是不是上帝偉大的傑作中，刻意令人垂羨的作品呢？

　　孩子被爸爸半扶半推就地走到窗前，他的身子不斷地蠕動，甚至是擺頭卻又全身癱軟地依偎在父親的腋下。該是多麼甜蜜的場景，卻被那個孩子突兀的笑臉，翻轉了當下該有的美感。不是很舒服的心情，帶著幾分的同情繼續觀察著這對父子的舉動。

　　他們沒有確定的目標停歇，只是在偌大的商店裡頭繞啊繞的，服務員似乎已經見慣了這樣的景象，瞄了幾眼也不甚理會。貨物安靜地陳列在架上，其他的客人雖然也和我一樣地好奇，大部分的人還是選擇了享受自己的時間，世界的喜怒哀樂與他們無關。

　　他是一位智能不足的大孩子，個子已趨近於父親的肩膀，滿臉的笑容，還有天真撒嬌的模樣。換作是一般的小孩，至少是一個帥氣又可愛的高中生了！

　　令我好奇的是那位父親的神情舉止。通常家裡有這樣孩子的大人，多半出現時是有些落寞和焦慮的容態，可是這位父親卻是一派輕鬆而且哼著歌曲出現，真叫人側目哩。

　　前些時候，因為學校舉辦戶外教學，我們來到了位於旗山的「天鵝堡」。從名稱上顧名思義的話，保證諸多的人一定會誤以為這兒是什麼遊樂場所，還是那種具有歐式風情的休憩地方。其實，它是我們耳熟能詳的喜憨兒中心。

　　一群富有愛心和理想的喜憨兒家長與志工，他們為了妥適照料這一群需要特別協助的天使，所成立的一個有制度和願景的照護中心。在這裡，讓人體會了以前只能從課本內想像的大同社會，以及孫文先生民生主義的實現。這些為人類理想而努力的人，可以說他們具備了「唐吉訶德」的情懷，又是多麼令人動容和尊敬呀！

　　在天鵝堡裡固然有完善的設施，倘若沒有這一群工作人員的用心呵護，欲求今日的成果則談何容易。回到眼前當下這位父親，如果沒有他的耐心，這個半大不小的喜憨兒又該如何陪伴呢？

　　生命本來就不甚公平，有人含著金湯匙來到世上，偏偏就有人必須忍受痛苦面對坎坷的生活。沒有對錯，只是有時很難說服自己的心情，或是理解存在的意義罷了。

　　應該是球場上豪氣投籃，抑或埋首書堆鑽研學問，更可能是在電子產品裡訓練腦力的他，而今卻只能依偎著父親做著不具深意的行為。令人想來就感到有些傷悲！

　　這位勇敢的爸爸真教人敬佩，他可以如此瀟灑地帶著孩子行走於市街商號，卻一點也不忸怩。需要多大的勇氣才能這樣

想得開、放得下。接受和包容是美德，知足與喜樂又何嘗不是至情至性呢？

　　想起《小王子》的名言：「真正重要的東西，用眼睛是看不見的。只有用心，才能看得清楚。」寫得真是鞭辟入裏呀！我與四周的人也只能從片刻中、外表下來衡斷這對父子。或許，更裡層的故事我們都無法了解，這其中的「愛」，可能早已超越我們凡夫俗子所能企及的了！

　　也許這一對父子的逡巡，彼此之間眼神的交會有限。但是，又何須這樣的形式才能詮釋彼此的深情摯愛呢？「愛絕不是相互的觀望，而是一起朝著相同的方向凝視。」可愛的小王子如是說。一起凝視前方，多美的畫面呀！這是一種自信無懼的展現，勇者不朽的形象呢！

　　美麗的風景不遠，它就深烙於我們的生活周遭；可愛的人情不藏，它時時顯現在世上的某處；不朽的笑容難得，轉個身、換個眼神，它早已佇立窗前等候了。

2015.12.25
原載於《南市青年》329 期

榕情祕意

就這樣枯倒了！

春雨翻飛，拂面而過，幾多的心情絕版，令人佇立樹前感慨萬千。

十年前的深夜，祭孔典禮正在文廟大殿隆重舉行著。禱辭贊樂高鳴，佾舞笙曲婆娑，滿殿的人影簇擁，連孔夫子都笑了。

想仁義之道倡行，中庸之思深埋於這個文化的底層，形成了盤根錯節又根深柢固的思想網絡，每每時運到來的此刻，官方民間無不慶祝一番。好長的一段時間，這光明的力量與世同在，不可小覷的影響力一直被流傳著，並且指導著每一個人的生活。

樹會倒、人會老，但思想精神可以永在。這應該是難以移易的真理，我也曾經如此深信。兩仟五佰多年之後的今天，看世界的意外變化、望周遭人事的光怪陸離，不禁在自己的心中要問：夫子您的子曰還行的通嗎？也許有那麼一天，您的肖像也會如同政治人物的下場一樣，又是紅漆侍候、傳單酷搜，更甚者是像倒體解，淪為垃圾場的一處風景呀！想來真是哭笑不得。

我不像儒者那樣衛道，也不似前衛人士如此標新。只是這些老地方如果一個接著一個消匿，很多的記憶化成了一片的空

白，那是多麼恐怖傷心的事情呀！老天爺要開我們凡人的玩笑，這樣的手段是有一些不仁的。

這裡是前人留給我們索驥的密碼，它也是一幢文化的燈塔，也是我們青春時曾經烙印誓言的地方。它當然會因著歲月而滄桑，會隨著人事而更迭。但是，它在我們的心中會一直矗立著，因為形可滅而神不可毀哩！

很不幸的，成大榕園的巨榕也因為風災，傾頹無法辨識原貌，走樣的風景看來真叫人心悲。尤其，那時還是研究生的自己，與師友樹下讀經論術的美好記憶，似乎也被風吹得有些凌亂。固知世界的變異我們無法確曉，然而，被摧毀之後的重生，是否還能承載思念之重，我心悠悠。

最近地牛無端翻身，壓毀了多少家庭的幸福，傷害了多少夢想的未來。天災人禍都是我們所不願，偏偏常在意料之外就發生。就像我曾經深信不倒的那棵聖榕，怎會在一夕之間消失了蹤影。時耶，命乎？

也許樹從此杳去，再也難覓它的身影。無妨，那些日子，那些讓我們流連的微甜記憶，將依然在我們的心坎裡徘徊，一直低吟著我們熟悉的心曲。

2016.2.29
原載於《詠絮》25 期

對垃圾微笑的女孩

　　最近發現了一個比蒙娜麗莎還有溫度的笑容，它來自一位天真的女孩，也是一位叫人難忘的高中學生。在校園裡，團體生活有好多的優點，但也免不了會產生一些問題。其中，最直接的就是「垃圾」量的驚人。處於現代人人高喊垃圾減量的時代，理該資源已回收，垃圾當銳減才是。然而，終究人多再如何高倡，還是少不了棄物為患。大家總習以為常，卻也苦了替眾人善後的清潔人員。

　　在學校處理這份苦差事的就是垃圾值日生了。這一位特別的女孩，不是別人，她是我班上的班長。其實，她大可不必獨挑整學期倒垃圾的工作，但她最終還是自願擔任了這份別人避而遠之的職務。在他人眼中，也許這是很卑微的事情，天天與垃圾為伍可不是一件快樂的職事，非有一定的修養可不成的。

　　在好奇心與關心的驅使下，開始了導師的觀察。如果以刻板印象而言，這學生的舉止反應日久一定生厭，生厭心必然不坦，不坦表情自然難看。準以此則，不假多少時日，想必這位姑娘會有所難色的。

　　幾週過去，似乎我的普通邏輯是失靈了。非但不見怨容，相反的，她甘之如貽，天天輕快的整理，又飛快地處理完畢回

到教室，更令人驚訝的是她對待「垃圾」的態度，竟是笑容可掬的面對它、處理它，最後，放下它。

這世上，一般人是面對好事才會有慈眉善目、佛手善心的。像她這樣整理時臉上掛著笑意，處理時拎著垃圾笑臉依然映入其中的，人間絕少。心想她在班上與人的應對進退，和她面對於垃圾時並無不同，好一個表裡相符的女孩呀！

近日電視新聞報導，有位老師帶著一群啟智班的學生到餐廳學習用餐。不幸的事情發生了，餐廳人員以這群學生會製造過大的聲音而將他們請出，甚至態度蠻橫。姑且不論對錯與否，若以餐廳員工看待這群折翼天使的態度來看，就讓人萬萬不能苟同。

也許有些人跟他談同理心或同情心根本就是枉然。但面對如此天生不便的小孩，就算無法笑容以待，至少站在為人的立場，因可憐而惜之應該是可以做得到的。可惜啊！他們選擇的卻是叫人離開。

很喜歡這富含哲理的四句話：「心境，決定你的處境；思路，決定你的出路；眼界，決定你的世界；格局，決定你的結局」心境的寬窄深淺，將會影響一個人面對所處環境態度的良窳。好的又夠寬廣的心境令人充滿希望，活力奔騰積極成功。反之，心被雜念綁架，負面的情緒盡現，能不躁亂乎？這樣何來幸福的處境。

你在想什麼？必然會決定你所選擇的方向，未來出路的順逆，都在一念之間。然而，誰能不被慾望所牽引呢？思路好，做起事來事半功倍，若不是，輕者浪費時間精力，重者亡身敗國。如此，豈可忽乎？

　　一個人的眼界，決定了自己的視野，其遠近長短對於你所建構的世界，有它深層的影響。視野廣闊你可以掌握的世界就寬大，世界夠大你可以發揮的範圍就無遠弗屆了！

　　為人處事的格局，不可窄小。就像沒氣度的人，要他如何心擁天下、包容世界呢？做人做事能有大格局，處事決斷絕不會狹隘優柔。遠大的格局會帶來向上的力量，力量夠強那離成功就不遠了！

　　我的學生從習慣中進而以歡喜心面對垃圾的工作。久之，境由心造、相從境生，這女孩無論何時看她，都令人覺得可愛。

　　我猜度，她心裡想的不是倒垃圾而已，而是為班上服務、替同學做事，是一件很幸福又有成就感的工作。　國父不也說過：「要立志做大事，不要立志做大官。」做好倒垃圾這件工作看似小事，但看在有責任心之人的眼裡，可是不折不扣的大事哩！

　　倘若人們都能以笑意和同理心看待世上的不完滿，資源回收都能把垃圾變成了黃金，那為何我們不能將心中的雜慾轉化為正念呢？人間的和諧自然氤氳，更能散播寰宇。

　　如果態度真能決定你的成就高度，我深深相信：微微的一抹笑容，它會是這個不完美的世界裡，最深得人心、最感動人情的力量！

2016.5.8
原載於《南市青年》333 期

在生命的轉彎處

　　有些事情不到最後，是很難確定它的結果。就像棒球比賽一樣，眼看大勢已去，來到了九局下半最後的攻勢，實力加上運氣還是有可能逆轉勝的。這樣，在困境中，豈能輕易放棄最後的機會呢？人生不也是如此。愛情、學問及事業，不可能樣樣始終順利，過程裡總不免高潮迭起，差別只在於是順或逆的境況。

　　猶記臺灣強投王建民，之前在美國大聯盟獲得了一次上場救援的機會。現實上他所效力的球隊已經陷入苦戰，眼看情勢已經難以挽回。但是，王建民堅定俐落地完成了這最後的投球，不因情勢低迷而敷衍了事，球隊最後也穩住了士氣。結局是他所屬的球隊將士用命，逆轉了一場可能的敗戰，而王建民也成了久違的勝利投手。

　　NBA 籃球賽很多人喜歡看，還記得「林來瘋」在紐約掀起一陣旋風時，倘若你有注意的話，會發現林書豪之所以令人瘋狂，不就是他所屬的球隊常在比賽最後的倒數中，因為林那突如其來的進球翻轉了球賽，叫全紐約的球迷為之狂喜不已。成功之道無他，唯堅持初衷並無懼現實，做就對了。順境當然會開出美麗的勝利花朵，然而，在逆境中改變了結局，更讓花朵璀璨不朽！

　　《三國演義》裡眾人皆知的空城計，面對這空前的危機，且看諸葛孔明處變不驚地明斷處置，關鍵的城樓對敵他鎮定自若，才能瞞過老謀深算的司馬懿。要緊的時候不縝密細思，那要叫孔明的應變計畫如何成功呢？

　　人生不如意，十常八九。處變時不能安下心、想方法，那成敗的比例掐指一算便能知曉，又何須問卜算命啊！生命往往被逼到了絕境，不妥協的人會讓我們見識到他的韌性。先天視障的大學生盧冠良就是最好的例子。

　　眼睛看不見、耳朵也重聽的人要如何環島呢？這對於一般正常人而言是很難想像的事情。然而，先天視障的大學生盧冠良非但親身做到了，還兩次完成了環島公益之旅。報載之前暑假他曾兩度獨自搭火車環島為老人按摩，而後又計畫揪團找了其他三名視障者，要利用八天的時間到全臺八個老人安養中心為長輩按摩。他們的精神真叫人感佩！身體的挫折打擊不了他們的意志，有了正確的目標和堅定的信心，只要走出黑暗，一定可以讓更多的人看見。

　　上蒼送給我們最好的禮物，應該不是令人目眩的家財萬貫，抑或一帆風順的人生。我想，其中最妙不可喻的一項鐵定是要我們親自嘗嘗生命的滋味，自己下廚、自己料理，還得自己好好品嘗感受一番。辛酸苦澀唯有親自體會之後，才能夠同理於他人，我們就會慈悲、就能惻隱。

　　臨國日本的企業主常常以身作則，帶著主管與同仁利用公餘時間去打掃廁所。這在一般人認為是卑下的生活行為，他們卻處理得如此自在自得。放下階級、拾起謙卑，這種清掃的力量久而久之累積成生命的能量，這才是真本事的開始。

　　我常常思想著日本人，捲起袖子並彎下腰開始掃廁所，這麼簡單的動作卻蘊含著如此令人深刻的體驗哲學，真叫人敬佩不已呀！因為這看似簡單，為之卻容易卻步。何況有的廁所又髒又臭，你都願意正面迎接它、接納它及處理它了，有了這股勇氣在未來遭遇逆境時，你就不會害怕了。

　　沒有任何人的人生是一條直線而不轉彎的。事業有上臺就有下臺的一天；生命有開始也注定將有結束的時候；學業有了始業式當然也會有畢業典禮；健康有如生龍活虎的階段，必然也存在著銷耗鈍眊的當口。這就是真實人生，誰也避不了的。

　　該轉彎的時候不知調整應變，是人生戰場上的大忌。是順是逆就接納它或放下它，過之我幸，未過我命。不要放棄，自然存有希望。好好地選擇轉彎的角度，讓生命以比較完美的姿態，漂亮地迎向下一個挑戰吧！

2016.5.20
原載於《南市青年》337 期

轉念方程式

　　最近世局詭譎，社會問題渾沌難明，真叫人安身立命無方呀！雖然知道人類的場域本來就事多且難分難解，卻總不免陷入思辨的泥淖，無法自拔又自作多情，而答案依舊縹緲。

　　議題太大的我們管不了，切身的一些措施也許有所知覺，然而畢竟是身外之事。心裡那些不安的細胞，才是促使生命向前邁進的動力。過於具體的，如人事的變遷；太過抽象的，好比時間的遞嬗。在在叫人感觸良深，卻也無可奈何！

　　常常想著：或許在哪個地方，真的有個理想國存於這個世界之外；可能有個什麼時空的確容得下桃源美境。哲人想的、書裡寫的，都是寫實而非夢境而已。但歷史殘酷地告訴我們：這簡單的夢想果真天方夜譚啊！

　　戰火無情、政治現實；人生不堪、紅塵複雜。難道就沒有一個可以放諸四海皆準的生命原質，好讓我們安頓虛恍的生活。應該有的，你看吳門和尚的偈詩：「春有百花秋有月，夏有涼風冬有雪。若無閒事挂心頭，便是人間好時節。」風花雪月各自依著歸屬的時節，璀璨於當下、美麗在世界。

　　颱風來了！瘋狂的世界更加瘋狂，。心想與其詛咒它的無理，還不如換個心情欣賞它帶來的不同風景。被摧殘的老樹旗

招，雖然令人感傷，轉個念頭，還好看到了它們的問題，不然等到哪一天突如其來的災難，可就不是現在車毀財損了而已。

　　老師當久了，也當出了一些心情和心得。前些日子，當政治人物還在玩捉迷藏的遊戲時，非但被戲弄的孔夫子都看不去，連老天爺也來做和事佬，乾脆來個穿心颱好讓全天下的老師們也可以休息一天。或許我們可以把它當個笑話笑過了就好，但是現代的教育問題還是令人頭疼依舊。

　　朋友傳給我的打油詩，看了覺得還挺接近為人師的心情。它寫道：「教書是一場暗戀，你費盡心思去愛一群人，結果卻只感動了自己／教書是一場苦戀，費心愛的那一群人，總會離你而去／教書是一場單戀，學生虐我千百遍，我待學生如初戀／教書是一樁群體戀，通過你的牽線搭橋，友誼成片，老師卻在原地不曾改變／親愛的同學，你若不離不棄，我便點燈相依；你若自我放棄，我依然竭盡全力！」真是體會湛深的一首妙詩哩！

　　世上的原理，本來就是愈處頂巔愈是寂寞，位置愈奇崛則愈顯孤單。你瞧那些古今中外的名人偉人，如今看似千萬人擁戴，可知他奮鬥時常常是孤軍奮戰的，要不然就是嘗盡孤獨的滋味，哪怕只是思想、理想不被他人接受。

　　當一名孤單站在講臺的老師，除了他的專業要服眾，他的口才、涵養、人品在在都必須是一個高價值標準。然而，老師畢竟也是一個普通人而已，沒有那麼偉大，只是非得站在那兒扮演好自己的角色。

　　突然想起了狄更斯的名句：「這是一個智慧的時代，也是一個愚蠢的時代」。聰與愚是一體兩面，也是一個人的選擇，

但看你如何切入，如何面對自己的生命。沒有對錯的問題，卻是一個人該有何種態度的堅持。

　　想想人生很多時候需要轉念的意識。生活經驗千奇百怪，順逆窮通總會碰上。倘若困在過不去的斷崖邊，可就不是什麼好事了哩！轉個念頭、換種心情，也許難關就可以好過些了。

　　沒有一種風景能夠永遠風調雨順，當然也沒有人可以一直順遂無阻。放大一點看，咱們的家國社會不也同樣如此，難免弄出一些狀況，搞出一點紕漏。無妨啦！這樣才能知道問題所在，可以讓它不再有下一次的存在。

　　同樣的道理，運用在學習上也是相通的。就算老師臺上講解的口沫橫飛，也未必表示你一定聽懂了。重要的是：你如何利用課後的有限時間，讓自己沈澱思考那些沒聽明白的內容，把不會的都讓它清楚了。

　　生活或許有些雜亂，但生命可不能存有點苟且。因為時間不待人，而我們能掌握的卻少之又少。堅持對的方向，將自己的能量做最大的發揮；雖不敢保證一定會成功，但不下功夫用心擘劃，很有可能挫折沮喪已在不遠處等候。

　　再不安的世界，它依然是我們的世界；再不美的社會，它仍舊是我們的社會；再不堪的生命，它還是我們的生命。輕言放棄是不負責任的心態，就勇敢地面對它吧！讓夢想勇敢抓住未來，叫希望堅定掌握方向。這才是人生的積極意義，更是生命轉念的不朽方程式！

2016.10.1

走過聖功

　　來到聖功女中任教，已經四分之一世紀了！此刻，回首來時路，不僅滋味百般，還有一些莫名的心情，不時地於夢迴時激人思緒。

　　當老師這件事情，不敢說是從小的志願。畢竟自己也曾經想過是一位呼風喚雨的總統，或者是大名鼎鼎的科學家，甚至可能成為揚名國際的運動員，就像十項全能的楊傳廣一樣。

　　可惜！沒有一項可以實現。雖然小學的時侯，真的從丟鉛球的田賽，到四百公尺的徑賽，都曾努力過、獲獎過，也風光地當上了田徑隊隊長。最終，也只能在南部七縣市運動會兩百公尺決賽中以銅牌坐收。後來，被趕出甲仙山中的快樂生活，來到人生的另一個競技場。

　　進入了台南的一所私中就讀，要命的課業壓力，生吞活剝地將那僅存的少年活力給消化掉。欲哭無淚都不足以形容當時的悲情，照三餐的考試、處罰，雖然成了家常便飯的事，而今思之，猶有幾分的痛楚呢！

　　也許有了過去的遭遇，當自己也成了一名私校的教師，常有戒慎恐懼的心情提醒自己莫忘初衷。儘量對待學生如朋友搏感情，就像在部隊的時候一樣帶兵要帶心。

　　嗯！廿五年過去了，只能說成功了一半。另一大半，就如同大聯盟的投手那些失投的壞球，只能在輸球之後懊惱與檢討了。

　　投手的球可以任由他來操控，但是老師面對的學生可是活蹦亂跳的生命呀！可不是你想要如何教導他，他就必然會是那個樣子。往往結果是和理想背離，他負氣畢業，你賭氣忘了他。只是幾多年以後，他又悄悄地回到聖功，和你訴說著這些年的人生經歷，他是如何如何地懷念過去的日子。有時候，忽然會令我懷疑這些話語的真假。

　　在聖功這些日子裡，固然挫折難免，但是，成就也不少喔！就拿高中演講社為例，連續廿五年的指導老師，我想應該是空前的一項紀錄吧！有些事情剛開始總覺得漫長，之後一想，天啊！時間真的讓我們不知不覺就老去，還真是應驗了豐子愷的警告：漸是時間的本質。而我的看法更真實:它根本就是生命的殺手嘛！

　　這些年，當然有喜有悲、有苦有樂。學生得獎了，心裡很為她們高興，畢竟是磨練出來的成果。然而，結果不能與努力成正比時，那一種痛苦，我也與選手感同身受呀！每一項紀錄都鐫刻在歲月的額痕上了，留於心中的永遠是她們堅持奮戰的滿滿感動。

　　聖誕節又到了！每次到公立小學宣講招生活動，免不了要強調一下這一個大節日。因為這可是本校的宣傳利器呦！說它是超級重要的聖功活動，其實一點也不為過。

　　從第一枝蠟燭點燃開始，到將臨期的聖誕期待。以基督的愛化解冷漠的心，處處洋溢愛心的校園，就如同在夜裡綻放光彩的燈飾，是何等地迷人，又怎樣深刻地展現聖功人的精神。

　　當年初到聖功，恰逢養正和懿德二樓的啟用。印象中偌大的校園裡，這兩棟大樓讓人的感覺是如此地挺拔，叫人莫不昂首瞻仰。經過了廿五年，玄瀚館、云和館，相繼矗立於聖功這塊神聖的土地上，不僅讓校園壯大了起來，學子們在這樣的境教中，完成了她們的中學生活，人生中最純粹也是菁華的階段。

　　講到了建築，克彬堂應該是聖功女中的不朽傳奇。當時除了全校的集會在此舉行之外，舉凡典禮、體育、藝文、特殊活動……莫不是利用它來完成。其中印象特深的就屬高三考前的「百日誓師」。每一個準畢業生，無不使盡全力設計展現自己奮戰聯考的宣誓隊形與內容。活動中那樣昂揚傲骨的精神，雖然已經時過境遷許久了，此刻想起，那種澎湃激昂的感覺依然存在。

　　現在的克彬堂經過了一番整理與改造，走向它以文藝為主的新里程。聖功人榮幸又獲得了一個可以讓心靈得以休憩與充實的地方，每一位聖功人也帶著它的祝福勇赴天涯。

　　硬體的它會存在的很久，而其中的人呢，當然是更迭不輟。聖功的主體是修女、老師和學生，三位一體構成了一個夢的世界。最近，學校裡頭的老師相繼退休的不少，當年我來的時候，這些勞苦功高的前輩們正值青壯年，個個丰采奕奕真叫人崇敬與羨慕。現在他們退出了學校，開展人生的一個新階段，除了滿心的祝福，其實還有更多的不捨。因為有他們在前頭引領的

時候，我們後輩心裡很安心踏實，一時之間，校園中少了他們
的身影，真的很不習慣，偶爾還會驚慌失措哩！

　　退休老師是聖功的寶，還有一群人他們不僅是學校的寶，
還是聖功的守護者——修女。修女每個人的才華不同，但共同的
地方當然是信仰的堅持與實踐。倘若有機會和她們相處，你將
在互動中了解她們的慈悲。躁動的我們，在她們那裡也會獲得
身心的安頓與平安。

　　學生是老師授業之後的延伸，帶著所學的智能，走向海角、
奔赴天涯。有這麼一句話流傳著:普天之下唯有父母與老師不會
嫉妒小孩或學生的成就。確實如此，學生還在學的時候，當老
師的多麼希望她們能青出於藍而勝於藍。雖然，老師心理很明
白，不可能人人如此，但是依舊耳提面命鼓勵再三。這就是當
一名老師的真情實感。

　　廿五年了！下一站會更幸福嗎？下一群學生依然可愛嗎？
下一段人生將會是順遂如意，抑或荊棘滿布呢？……好多好多
的問號在風中搖曳，而答案就留給造物者帶我去尋覓吧！

2016.12.24 平安夜
原載於《詠絮》26 期